U0784542

袁行霈文集 ⑩

诗词与小品

山东人民出版社

图书在版编目（CIP）数据

诗词与小品/袁行霈著．--济南：山东人民出版社，2020.11

（袁行霈文集；第十卷）

ISBN 978-7-209-12770-7

Ⅰ.①诗…　Ⅱ.①袁…　Ⅲ.①社会科学－文集
Ⅳ.①C53

中国版本图书馆CIP数据核字(2020)第096990号

诗词与小品

SHICI YU XIAOPIN

袁行霈　著

主管单位　山东出版传媒股份有限公司
出版发行　山东人民出版社
出 版 人　胡长青
社　　址　济南市英雄山路165号
邮　　编　250002
电　　话　总编室（0531）82098914
　　　　　市场部（0531）82098027
网　　址　http://www.sd-book.com.cn
印　　装　北京图文天地制版印刷有限公司
经　　销　新华书店

规　　格　16开（165mm×235mm）
印　　张　20.75
字　　数　250千字
版　　次　2020年11月第1版
印　　次　2020年11月第1次
ISBN 978-7-209-12770-7
定　　价　98.00元
如有印装质量问题，请与出版社总编室联系调换。

目　录

论诗绝句一百首

愈庐诗钞

听雨集

论诗绝句一百首

自　序

昔杜子美作《戏为六绝句》，着论诗绝句之先鞭。嗣后元遗山为《论诗》绝句三十首，遂成定式，继武之作络绎不绝。而清代作者尤多，王贻上《戏仿元遗山论诗绝句》三十五首、袁子才《仿元遗山论诗》三十八首，堪称翘楚。亦有专论一代诗歌或一地诗歌者，如谢启昆有仿元遗山论唐诗一百首、论宋诗二百首、论元诗七十首、论明诗九十六首，颜君猷有《论岭南国朝人诗绝句》十五首，毛瀚丰有《论蜀诗绝句》十三首，亦有可观。综览历代论诗绝句，谓其具有诗歌批评史之价值或不过分耶？

诗者，所以言志也，以之论诗本非所长。而七绝篇幅既窄，格律又严，评骘议论，难以挥洒自如，故常有歧义，莫衷一是。然其含蓄蕴藉之妙，比兴寄托之深，措辞炼句之精，涵泳玩味之趣，又非长篇大论所可比拟。故论诗绝句之作，代不乏人，而读者亦津津乐道也。

余于诗习之既久，每见先贤高论，辄生效颦之意。自丙戌至庚寅，尝以三余之日，讲习之暇，援笔染毫，略申己意。读书偶得，一点一滴，发为吟咏，积少成多。自先秦至清末，缀为百首。各首之后，自加简注。兹不揣谫陋，裒为是集，以为同好谈资，可乎？

编次既竟，为诗一首曰：

道法自然诗法何？池塘青草漾清波。
灵光一现花如绣，恰是天成妙趣多。

庚寅岁小寒于愈庐　时年七十有五

国　风

里巷歌谣万口传，何须礼教漫牵缠。
醉翁另辟新蹊径，本义真情始了然。

自注：朱熹《诗集传序》曰："凡诗之所谓风者，多出于里巷歌谣之作。所谓男女相与咏歌，各言其情者也。"汉儒牵缠礼教，不免附会之嫌。欧阳修《诗本义》始创新说，别开天地。嗣后郑樵《诗辨妄》、方玉润《诗经原始》等继之。《四库全书总目提要》曰："自唐以来，说《诗》者莫敢议毛、郑，虽老师宿儒，亦谨守《小序》。至宋而新义日增，旧说几废，推原所始，实发于修。"

雅

雅分大小竟如何？聚讼纷纭臆断多。
杨柳依依才四字，化身千万唱骊歌。

自注：雅分小大，《毛诗序》曰："政有小大，故有小雅焉，有大雅焉。"孔颖达《毛诗正义》则云："诗人歌其大事，制为大体；述其小事，制为小体。体有大小，故分为二焉。……诗体既异，乐音亦殊。"方玉润《诗经原始》意谓：朝廷纪功之作为大雅，草野歌颂之章为小雅。今人又有各种新说，莫衷一是。《小雅·采薇》："昔我往矣，杨柳依依。今我来思，雨雪霏霏。"

颂

赞美先人创业时，皇皇八佾未详知。
形容盛德功成日，大吕黄钟伴颂诗。

自注：佾，舞列，纵横都是八人，共六十四人，周代天子所用乐舞。《论语·八佾》："孔子谓季氏：'八佾舞于庭，是可忍也，孰不可忍也？'"《诗大序》："颂者，美盛德之形容，以其成功告于神明者也。"

屈　原

荆天棘地世多艰，百姓沉沦烽火连。
泪洒汨罗哀故国，拼将性命铸诗篇。

自注：余既景仰屈子人格之独立不迁、好修为常，又服膺其诗歌之瑰奇雄伟、流动回旋。乃以生命为诗者也。其《哀郢》曰："皇天之不纯命兮，何百姓之震愆？民离散而相失兮，方仲春而东迁。去故乡而就远兮，遵江夏以流亡。出国门而轸怀兮，甲之鼂吾以行！"《抽思》曰："惟郢路之辽远兮，魂一夕而九逝。曾不知路之曲直兮，南指月与列星。"恤民之志，故国之思，感人肺腑。

班婕妤

遥思团扇独吟时，病草萋萋雨若丝。
飞燕酒酣华屋暖，宫深瓦冷有谁知？

自注：《古列女传》曰："班婕妤者，左曹越骑班况之女，汉孝成皇帝之婕妤也。贤才通辩。始选入后宫，为小使，俄而大幸为婕妤。……其后赵飞燕姊妹有宠，骄妒……婕妤恐久见危，求供养皇太后于长信宫。"班婕妤《怨歌行》，锺嵘《诗品》称《团扇》诗，评曰："辞旨清捷，怨深文绮，得匹妇之致。"或疑为后人假托。

班　固

史笔为诗颂缇萦，五言至此已初成。
虽曰质木无文采，聊胜浮华佞巧声。

自注：班固《咏史》吟咏汉文帝时孝女缇萦代赎父罪故事，开咏史诗之先河，且标志文人五言诗之形成。锺嵘《诗品》评曰"质木无文"，然较之浮华绮靡，岂不为高哉？

张　衡

七言始祖数四愁，思慕美人何处求。
大雪高山难远致，无门报国徒怀忧。

自注：通篇七言始自张衡《四愁诗》。《文选》录此诗，前有序云："时天下渐弊，郁郁不得志，为《四愁诗》。依屈原以美人为君子，以珍宝为仁义，以水深雪雰为小人，思以道术相报，贻于时君，而惧谗邪，不得以通。"

陌上桑

或是秋胡戏发妻，难从字里觅端倪。
铺陈夫婿千般好，可笑使君太痴迷。

自注：《陌上桑》故事与秋胡戏妻近似，或同出一源耶？篇末"座中数千人，皆言夫婿殊"，戛然而止，未了而已了，余味无穷。

古诗十九首

古诗十九本佚名，游子萦牵思妇情。
拟古向来谁得似？平心窃谓是渊明。

自注：《古诗十九首》最早见于萧统《文选》。徐陵《玉台新咏》录其中九首，题为枚乘《杂诗》，不足信。陶渊明有《拟古》九首，当为拟《古诗十九首》者也。

孔雀东南飞

兰芝小妇最堪悲，阿母无端暴虐施。
字字情深含血泪，那堪举手别离时。

自注：诗写焦仲卿与刘兰芝告别："府吏马在前，新妇车在后。隐隐何甸甸，俱会大道口。下马入车中，低头共耳语：'誓不相隔卿，且暂还家去。吾今且赴府，不久当还归。誓天不相负！'新妇谓府吏：'感君区区怀，君既若见录，不久望君来。君当作磐石，妾当作蒲苇。蒲苇纫如丝，磐石无转移。我有亲父兄，性行暴如雷。恐不任我意，逆以煎我怀。'举手长劳劳，二情同依依。"

曹 操

幽燕老将出群才，疑冢难藏亦可哀。
回首长江横槊夜，南飞乌鹊欲归来。

自注：敖器之《诗评》曰：“魏武帝如幽燕老将，气韵沉雄。”今安阳正发掘曹操墓，议论纷纷，欲往考察而未果。曹操当年横槊赋诗，志满意得，何尝念及今日耶？

王 粲

去国怀乡赋登楼，河清未极自堪忧。
七哀百姓遭乱世，七子仲宣最警遒。

自注：王粲字仲宣，建安七子之一，其《登楼赋》云：“惟日月之逾迈兮，俟河清其未极。”又有《七哀》诗，最为沉痛。《三国志》本传载：“初，粲与人共行，读道边碑。人问曰：‘卿能暗诵乎？’曰：‘能。’因使背而诵之，不失一字。观人围棋，局坏，粲为覆之。棋者不信，以帕盖局，使更以他局为之。用相比校，不误一道。其强记默识如此。”惜仅享年四十又一，岂天妒才俊耶？

刘　桢

真骨凌霜意气高，寄心松柏性情豪。
五言风力孰堪比？东海春潮万顷涛。

自注：锺嵘《诗品》曰："五言居文词之要，是众作之有滋味者也。"又高倡"风力"，评刘桢云："真骨凌霜，高风跨俗。"可谓其知音。刘桢《赠从弟》其二："岂不罹凝寒，松柏有本性。"道出士人之气节。

曹　丕

低徊掩抑复凄清，伤逝感怀忆友朋。
更喜燕歌七字体，便娟婉约最牵情。

自注：曹丕《与吴质书》乃伤逝之作，有曰："间者历览诸子之文，对之抆泪。既痛逝者，行自念也。……年行已长大，所怀万端，时有所虑，至通夜不瞑。志意何时复类昔日？"剖白心迹，情真意切，真佳构也。其《燕歌行》堪称最早之成熟七言诗。沈德潜《古诗源》卷五："子桓诗有文士气，一变乃父悲壮之习矣。要其便娟婉约，能移人情。"

曹　植

骨气奇高辞采华，琴笙黼黻亦堪夸。
何堪兄弟相煎急，七步成诗空叹嗟。

自注：锺嵘《诗品》云：陈思王曹植“骨气奇高，词采华茂”，“陈思之于文章也，譬人伦之有周、孔，鳞羽之有龙凤，音乐之有琴笙，女工之有黼黻”。《世说新语·文学》：“文帝尝令东阿王七步中作诗，不成者行大法。应声便为诗曰：‘煮豆持作羹，漉菽以为汁。萁在釜下燃，豆在釜中泣。本自同根生，相煎何太急！’帝深有惭色。”

阮　籍

情寄八荒感慨多，生当易代若之何。
徒将白眼看俗子，独坐空堂发浩歌。

自注：阮籍生当魏晋易代之际，有《咏怀》八十二首，《诗品》评曰：“言在耳目之内，情寄八荒之表。”《晋书》本传载：“籍又能为青白眼，见礼俗之士，以白眼对之。”其《咏怀》有句曰：“独坐空堂上，谁可与欢者？”

张　华

竟以孤贫封郡公，领袖文坛德化隆。
莫道情多儿女态，雍和温雅意无穷。

自注：张华出身孤贫，好学不倦，入晋，历任太子少傅、中书监，官至司空，封壮武郡公。锺嵘《诗品》谓其“儿女情多，风云气少”，盖指其《情诗》也。清人黄子云《野鸿诗的》云：“茂先失于气馁而不健，然其雍和温雅，中规中矩，颇有儒者气象。”

潘　岳

老妪掷果为潘郎，倜傥风流字字香。
何苦依阿权与势，反遭斧钺早沦亡。

自注：潘岳字安仁，《世说新语·容止》引《语林》曰：“安仁至美，每行，老妪以果掷之，满车。”依附贾谧，为“二十四友”之首，参与权力之争，事败被杀，时年六十八。

左　思

涧底高松沉下僚，一生郁郁恨枯凋。
十年一赋传人口，纸贵洛阳更可骄。

自注： 左思家世寒微，仕途偃蹇，《咏史》以涧底松自比。精思十载，《三都赋》成，洛阳为之纸贵，岂不胜于宦达乎？

陆　机

擅场中朝一士衡，才高不善避兵凶。
流传万古称文赋，犹令今人仰顶峰。

自注： 陆机著有《文赋》，古代文学理论界奉之为圭臬。受成都王司马颖之命，率兵讨伐长沙王司马乂，兵败，为司马颖所杀，年仅四十三。

陶渊明

柴桑解印片帆归，吟啸孤松识者稀。
遥想荆扉虚掩日，桃花源里正芳菲。

自注：《宋书》本传曰："郡遣督邮至，县吏白应束带见之。潜叹曰：'我不能为五斗米折腰向乡里小人。'即日解印绶去职。"《归园田居》其二曰："野外罕人事，穷巷寡轮鞅。白日掩荆扉，虚室绝尘想。"

木兰诗

扑朔迷离考证难，木兰本事太纠缠。
寒光朔气唐人句，不碍鸿篇北魏传。

自注：《木兰诗》之时代众说纷纭。有句云："万里赴戎机，关山度若飞。朔气传金柝，寒光照铁衣。"疑是唐人句，然不妨其为北魏民歌也。

西洲曲

摇曳无穷若连珠，闺情难断复难摹。
任是栏杆垂手处，少女花容若有无。

自注：《西洲曲》非止南朝民歌之翘楚，亦千古之绝唱。回环往复，意趣无穷。有句云："栏杆十二曲，垂手明如玉。"未见描摹少女容貌，然花容宛在目前矣。

谢灵运

结社白莲事渺茫，寻山陟岭太张狂。
天然妙趣鸣禽变，春草池塘总飘香。

自注：慧远结白莲社，谢灵运入社，皆不可信。《宋书·谢灵运传》："寻山陟岭，必造幽峻，岩嶂千重，莫不备尽。"又云："尝自始宁南山伐木开径，直至临海，从者数百人。临海太守王琇惊骇，谓为山贼。"

鲍　照

不甘蹀躞翅双垂，无奈出身太贱微。
落日秋风凌厉处，青莲诗句最依稀。

自注： 鲍照《拟行路难》其六有句曰：“丈夫生世会几时，安能蹀躞垂羽翼！”陆时雍《诗镜总论》曰：“鲍照材力标举，凌厉当年。……骏马轻貂，雕弓短剑，秋风落日，驰骋平冈，可以想此君意气所在。”沈德潜《古诗源》曰：“明远乐府，如五丁凿山，开人世所未有。后太白往往效之。”读李白《蜀道难》《远别离》，庶几近之。

沈　约

历仕三朝众望高，文心史笔两清超。
永明新体开新径，八病四声着意雕。

自注： 沈约历仕宋、齐、梁三朝，撰《宋书》，荦荦大端，气度恢宏。创制永明体，讲究四声八病，开近体诗之先河。

江 淹

裁诗擅场看江郎，恨别赋来更激扬。
才尽恐非因一梦，别有缘由待探详。

自注：《诗品》评曰："文通诗体总杂，善于摹拟。"《南史·江淹传》云："又尝宿于冶亭，梦一丈夫自称郭璞，谓淹曰：'吾有笔在卿处多年，可以见还。'淹乃探怀中，得五色笔一以授之。尔后为诗绝无美句，时人谓之才尽。"

谢 朓

澄江一句胜千言，小谢诗才若涌泉。
可叹书生逢乱世，英年早逝最堪怜。

自注：谢朓《晚登三山还望京邑》有句云："余霞散成绮，澄江静如练。"齐明帝时，迁尚书吏部郎。明帝卒，太子萧宝卷立，始安王萧遥光谋废之，谢朓泄其谋，下狱死，时年三十六。

徐陵

缉裁巧密更纤秾，倜傥风流亦博通。
留得玉台玑贝字，清词丽句醉春风。

自注：《陈书》本传曰："其文颇变旧体，缉裁巧密，多有新意。每一文出手，好事者已传写成诵，遂被之华夷，家藏其本。"徐陵编有《玉台新咏》，所收诗多艳体。

庾信

羁留朔地自伤摧，自比少卿甚可哀。
最喜小园传万古，一株枯树几时开？

自注：杜甫《咏怀古迹》其一："庾信平生最萧瑟，暮年诗赋动江关。"庾信《拟咏怀》有句曰："秋风别苏武，寒水送荆轲。"有自比李陵之意，李陵字少卿，故曰"自比少卿"。《小园赋》与《枯树赋》皆庾信名作。

魏　收

秽史之讥教训深，岂能著史杂私心。
渐开新调春风软，北地非无宛妙音。

自注： 魏收尝撰《魏史》，杂以个人恩怨，褒贬失当，号为“秽史”。《四库全书总目提要》曰：“平心而论，人非南、董，岂信其一字无私？但互考诸书，证其所著，亦未甚远于是非。秽史之说，无乃已甚之词乎！”有集七十卷，与温子升、邢邵称北朝“三才”。其《挟瑟歌》七言四句：“春风宛转入曲房，兼送小苑百花香。白马金鞍去未返，红妆玉箸下成行。”杨慎《升庵诗话》云：“缘情绮靡，渐入唐调。”

薛道衡

炀帝何其太嫉能，燕泥妙句竟取憎。
隋朝怪底恁天命，骏骨千金国运兴。

自注： 刘餗《隋唐嘉话》云：“炀帝善属文，而不欲人出其右。司隶薛道衡由是得罪，后因事诛之，曰：‘更能作“空梁落燕泥”否？’炀帝为《燕歌行》，文士皆和，著作郎王胄独不下帝，帝每衔之。胄竟坐此见害，而诵其警句，曰：‘“庭草无人随意绿”，复能作此语耶？’”果如所言，隋炀帝既不能容人，其社稷岂能久耶？

上官仪

步月升朝洛堤边，群公远望若神仙。
何期一旦衔冤去，绮错诗才谁顾怜。

自注：上官仪有《入朝洛堤步月》诗，刘悚《隋唐嘉话》云：“高宗承贞观之后，天下无事。上官侍郎仪独持国政，尝凌晨入朝，巡洛水堤，步月徐辔，咏诗云：‘脉脉广川流，驱马历长洲。鹊飞山月曙，蝉噪野风秋。’音韵清亮，群公望之，犹神仙焉。”后因忤武氏，下狱死。《旧唐书》本传云其诗“以绮错婉媚为本”，引领一代诗风。

卢照邻

自沉颍水忒可哀，痼疾偏缠八斗才。
幸有长诗名古意，寂寥扬子桂花开。

自注：卢照邻因风疾久不愈，自沉颍水。其七古《长安古意》标志宫体之转变，篇末曰：“寂寂寥寥扬子居，年年岁岁一床书。独有南山桂花发，飞来飞去袭人裾。”自比扬雄，甚可叹也。

王 勃

珠帘画栋为谁开，只待斯人逞俊才。
海月应知怜秀骨，烟波浩淼不归来。

自注：《旧唐书》本传载："沛王贤闻其名，召为沛府修撰，甚爱重之。诸王斗鸡，互有胜负，勃戏为《檄英王鸡文》。高宗览之，怒曰：'据此是交构之渐。'即日斥勃，不令入府。……时勃父福畤为雍州司户参军，坐勃左迁交趾令。上元二年，勃往交趾省父……渡南海，堕水而卒，时年二十八。"王勃《滕王阁诗》："画栋朝飞南浦云，珠帘暮卷西山雨。"

陈子昂

雄心铁胆与侠肠，纵目高台接大荒。
笔扫千军挟紫电，悲歌一曲古风扬。

自注：陈子昂《登幽州台歌》："前不见古人，后不见来者。念天地之悠悠，独怆然而涕下。"卢藏用《陈氏集序》评曰："卓立千古，横制颓波。天下翕然，质文一变。"《新唐书》本传曰："唐兴，文章承徐、庾余风，天下祖尚，子昂始变雅正。初，为《感遇诗》三十八章，王适曰：'是必为海内文宗。'"高棅《唐诗品汇》评曰："继往开来，中流砥柱。上遏贞观之微波，下决开元之正派。"

张若虚

竟以孤篇压四唐，童心问月最难忘。
江天一色流连处，气韵声情自流芳。

自注：张若虚《春江花月夜》有句曰：“江天一色无纤尘，皎皎空中孤月轮。江畔何人初见月，江月何年初照人。人生代代无穷已，江月年年只相似。不知江月待何人，但见长江送流水。”王闿运《湘绮楼论唐诗》评曰：“孤篇横绝，竟为大家。”

张　说

大家手笔属燕公，骨气文心两俊雄。
提引清才凭慧眼，群星灿烂映秋空。

自注：张说曾因不附张易之，配流钦州。前后三度入相，掌文学之任凡三十年。封燕国公，与许国公苏颋并称“燕许大手笔”。张说之诗虽未臻一流，然所提携后进，如张九龄等，皆成大家，其于盛唐诗坛之贡献卓著。李白《古风》其一形容盛唐诗坛曰：“文质相炳焕，众星罗秋旻。”此与张说之关系甚大也。

王之涣

旗亭画壁料应真，一曲凉州若有神。
远上白云成绝唱，何妨下僚久沉沦。

自注：旗亭画壁，事见薛用弱《集异记》，多以为小说家言，不足信。余大半信之，薛，唐人，未必无据。事甚有趣，至少可见当时风气耳。据《王之涣墓志铭》，官文安县尉，享年五十五岁，可谓久沉下僚者也。然有此一诗，亦不枉此一生矣。

孟浩然

白首松云守固穷，气蒸波撼最沉雄。
盛唐气象何人始，夫子或应论首功。

自注：李白《赠孟浩然》："吾爱孟夫子，风流天下闻。红颜弃轩冕，白首卧松云。"孟浩然《望洞庭湖赠张丞相》有句曰："气蒸云梦泽，波撼岳阳城。"

王　湾

潮平两岸意飞扬，宰相题诗政事堂。
佳话千年传妙句，盛唐气象映朝阳。

自注：王湾《次北固山下》最有盛唐气象，张说题其“海日生残夜，江春入旧年”一联于政事堂，“每示能文，令为楷式”。

王　维

底是盛唐第一人，诗书画乐四无伦。
若非鼙鼓惊梦破，自在云山自在身。

自注：《新唐书》本传曰：“开元初，擢进士，调太乐丞。……安禄山反，玄宗西狩，维为贼得，以药下利，阳瘖。禄山素知其才，迎置洛阳，迫为给事中。禄山大宴凝碧池，悉召梨园诸工合乐，诸工皆泣，维闻悲甚，赋诗悼痛。贼平，皆下狱。”“维工草隶，善画，名盛于开元、天宝间，豪英贵人虚左以迎，宁、薛诸王待若师友。画思入神，至山水平远，云势石色，绘工以为天机所到，学者不及也。客有以《按乐图》示者，无题识，维徐曰：‘此霓裳第三叠最初拍也。’客未然，引工按曲，乃信。”

王昌龄

诗家天子冠群雄，克嗣曹刘陆谢风。
出塞真堪称压卷，汉关秦月挂长空。

自注：《唐才子传》云王昌龄有“诗家夫子”之称，又作“诗家天子”。殷璠《河岳英灵集》云：“元嘉以还，四百年内，曹、刘、陆、谢，风骨顿尽。顷有太原王昌龄、鲁国储光羲颇从厥迹。”明王世贞《弇州四部稿》云：“李于鳞言：唐人绝句当以‘秦时明月汉时关’压卷。”

崔　颢

少年轻薄意翩翩，一窥塞垣诗凛然。
黄鹤楼头留绝唱，全凭一气漫成篇。

自注：殷璠《河岳英灵集》云：“颢年少为诗，属意浮艳，多陷轻薄。晚节忽变常体，风骨凛然。一窥塞垣，说尽戎旅。”

李　白

千古诗坛一谪仙，生花妙笔得谁传？
泱泱大国风华在，日曜星悬映九天。

自注：李白《古风》其一曰："圣代复元古，垂衣贵清真。群才属休明，乘运共跃鳞。文质相炳焕，众星罗秋旻。"

杜　甫

自叹儒冠多误身，居然濩落志难伸。
明皇未了烟花债，哪管风俗薄与淳。

自注：杜甫《奉赠韦左丞丈二十二韵》曰："纨袴不饿死，儒冠多误身。""致君尧舜上，再使风俗淳。"《自京赴奉先县咏怀五百字》曰："居然成濩落，白首甘契阔。"

高 适

一曲燕歌万古传，金戈铁马撼心弦。
不随众口言诗派，边塞岂能偏概全？

自注：高适《燕歌行》，最为人称道，乃有“边塞诗人”之称，甚至有“边塞诗派”之说。吾不以为然。盖边塞者，高适诗歌众题材之一也，其于边塞之外不乏佳什，如《封丘作》《人日寄杜二拾遗》等。而李白、杜甫、王维诸人亦多有边塞之作，何不一并划入边塞诗派耶？盛唐诗坛之分山水田园诗派与边塞诗派，恐非确论也。

岑 参

奇拔瑰丽两兼难，万树梨花映眼前。
幸得一生三出塞，烽烟大漠化诗篇。

自注：《唐才子传》曰：“参累佐戎幕，往来鞍马烽尘间十余载，极征行离别之情，城障塞堡，无不经行。博览史籍，尤工缀文，属词清迥，用心良苦。诗调尤高，唐兴罕见此作。”

孟　郊

身居寒地苦吟寒，展诵诗篇辄楚酸。
慷慨陈辞真傲骨，平生冰抱亦自安。

自注：苏轼《祭柳子玉文》云："郊寒岛瘦。"孟郊有《寒地百姓吟》，极写百姓之苦寒，动人肺腑。又有《自惜》云："坐甘冰抱晚，永谢酒怀春。"

韩　愈

怪怪奇奇意态狂，倚天拔地势难当。
效颦李杜非能手，别径新开日月长。

自注：叶燮《原诗》评韩愈曰："为唐诗之一大变，其力大，其思雄，崛起特为鼻祖。宋之苏、梅、欧、苏、王、黄，皆愈为之发其端。"

白居易

江心秋月照无边，切切嘈嘈大小弦。
司马何如商贾妇，湿透青衫谁肯怜。

自注：白居易不顾身份地位之界限，将自己与烟花女子相伦比，《琵琶行》曰“同是天涯沦落人”，实有过人之处。末尾曰：“座中泣下谁最多，江州司马青衫湿。”情真意挚，感人肺腑。

刘禹锡

乐天低首赞诗豪，司马才情本自高。
楚水巴山添逸兴，竹枝俚曲最堪骄。

自注：白居易《刘白唱和集解》称：“彭城刘梦得，诗豪者也。”刘禹锡参与王叔文改革，被贬为郎州司马。《酬乐天扬州初逢席上见赠》有句曰：“巴山楚水凄凉地，二十三年弃置身。”

柳宗元

模山范水笔生光，八记永州永焕彰。
江雪渔翁无伦比，反常合道自生香。

自注：惠洪《冷斋夜话》引东坡谓柳宗元《渔翁》有奇趣，且曰："诗以奇趣为宗，反常合道为趣。"余以为奇趣尤胜者，其《江雪》诗也。

元　稹

人道元轻恐未公，新题乐府首倡功。
连昌宫女伤时甚，更有田家诉曲衷。

自注：苏轼《祭柳子玉文》云："元轻白俗。"李绅最早写《新题乐府》二十篇，元稹以为"雅有所谓，不虚为文"，遂"取其病时之尤急者，列而和之，盖十二而已"(《和李校书新题乐府十二首序》)。白居易又在元稹之基础上扩充为五十首。元稹于新乐府实有首倡之功也。《田家词》《连昌宫词》均是其诗中之代表作。"元轻"之论恐有失公允也。

贾 岛

一吟双泪太难堪，老衲推敲万口传。
秋风渭水成佳趣，何须呕血贵天然。

自注： 贾岛“独行潭底影，数息树边身”二句下注一绝《题诗后》：“二句三年得，一吟双泪流。知音如不赏，归卧故山秋。”其《忆江上吴处士》有句曰：“秋风吹渭水，落叶满长安。”

李 贺

地苦天愁长爪郎，苦愁寸寸入诗肠。
鲸吸鳌掷八荒外，相伴奚奴古锦囊。

自注：《新唐书》本传载：李贺“为人纤瘦，通眉，长指爪，能疾书。每旦日出，骑弱马，从小奚奴，背古锦囊，遇所得，书投囊中。未始先立题然后为诗，如他人牵合课程者。及暮归，足成之”。

杜　牧

岂真薄幸轻狂人，枉有青楼薄幸名。
逸致柔怀豪且俊，扬州梦断续诗情。

自注：杜牧《遣怀》："落魄江湖载酒行，楚腰纤细掌中轻。十年一觉扬州梦，赢得青楼薄幸名。"

李商隐

依违牛李百般难，落寞平生蝶梦残。
欲借无题说底事？聊凭蜡炬避春寒。

自注：李商隐依违于牛、李两党。《旧唐书》本传载：李商隐早年深得令狐楚赏识提携。后王茂元"爱其才，以子妻之。茂元虽读书为儒，然本将家子，李德裕素遇之。时德裕秉政，用为河阳帅。德裕与李宗闵、杨嗣复、令狐楚大相仇怨，商隐既为茂元从事，宗闵党大薄之。时令狐楚已卒，子绹为员外郎，以商隐背恩，尤恶其无行"。

温庭筠

诗成八叉逞奇才，折齿扬州事可哀。
浪迹烟花真浪子，经纶满腹委蒿莱。

自注：温庭筠才思敏捷，走笔万言，八叉手成八韵。曾在扬州狭邪间为逻卒折齿，诉不得理。事见辛文房《唐才子传》。

王禹偁

议论为诗文亦诗，浮华风气此人移。
数峰无语堪讽诵，晓畅自然更多姿。

自注：宋诗每以议论为诗，以文为诗，首句概论宋诗特点。然禹偁亦不乏情景语俱佳之诗，如《村行》："马穿山径菊初黄，信马悠悠野兴长。万壑有声含晚籁，数峰无语立斜阳。棠梨叶落胭脂色，荞麦花开白雪香。何事吟余忽惆怅？村桥原树似吾乡。"数峰句妙绝。

杨亿

馆臣雅集性情长，群玉山花送暗香。
一自杨刘行世后，何堪大雅暗无光。

自注：杨亿、刘筠、钱惟演为《西昆酬唱集》中主要诗人。“西昆”取自《山海经》，昆仑之西有群玉之山，乃帝王藏书之府。杨亿等人在宫中秘阁编纂《册府元龟》，相互酬唱，杨亿题为《西昆酬唱集》。欧阳修《六一诗话》云：“盖自杨、刘唱和，《西昆集》行，后进学者争效之，风雅一变，谓之‘昆体’。由是唐贤诸诗集几废而不行。”

梅尧臣

意深语淡最艰难，一代宋诗号开山。
不学西昆华缛语，民生民瘼自相关。

自注：梅尧臣云：“作诗无古今，唯造平淡难。”（《读邵不疑学士诗卷杜挺之忽来因出示之且伏高致辄书一时之语以奉呈》）刘克庄《后村诗话》推为宋诗“开山祖师”。

欧阳修

文坛一代领风骚，经史学行仰弥高。
愿做欧公门下吏，执鞭四海共游遨。

自注：余服膺欧阳文忠公道德学问，《宋史》本传曰：“好古嗜学，凡周、汉以降金石遗文、断编残简，一切掇拾，研稽异同。立说于左，的的可表证，谓之《集古录》。奉诏修《唐书》纪、志、表，自撰《五代史记》，法严词约，多取《春秋》遗旨。苏轼叙其文曰：‘论大道似韩愈，论事似陆贽，记事似司马迁，诗赋似李白。’”

苏舜钦

怀素草书巧补成，如椽巨笔鬼神惊。
诗风雄肆能扛鼎，堪与欧梅共令名。

自注：怀素《自叙帖》墨迹曾藏苏舜钦家，卷前六行纸张破碎，由苏舜钦补写而成。诗坛有“欧苏”“苏梅”之称，欧阳修、梅尧臣也。

王安石

一曲明妃兴寄深，新裁别出费搜寻。
荆公最擅翻陈案，变法应知苦用心。

自注：王安石《明妃曲》二首乃翻案之作，其用心与变法如出一辙。其一曰：“明妃初出汉宫时，泪湿春风鬓脚垂。低徊顾影无颜色，尚得君王不自持。归来却怪丹青手，入眼平生未曾有。意态由来画不成，当时枉杀毛延寿。”

苏 轼

自创新风自和陶，岂知后继竟滔滔。
渊明地下应嗤笑，皇帝权奸亦染毫。

自注：和陶诗自苏轼始，继和者甚夥，多高士、遗民。然乾隆皇帝、谄媚秦桧之周紫芝亦有和作。

黄庭坚

立派江西一脉传，夺胎换骨斗精妍。
旧衣补缀翻新样，那得诗篇胜昔贤？

自注：黄山谷开创江西诗派，对前人诗歌，主张夺胎换骨。惠洪《冷斋夜话》曰："山谷云：诗意无穷，而人之才有限。以有限之才，追无穷之意，虽渊明、少陵，不得工也。然不易其意而造其语，谓之换骨法。窥入其意而形容之，谓之夺胎法。"吴之振《宋诗钞序》曰："宋初诗承唐余，至苏、梅、欧阳，变以大雅。然各极其天才笔力，非必锻炼勤苦而成也。庭坚出，而会萃百家句律之长，究极历代体制之变，自成一家，虽只字半句不轻出，为宋诗家宗祖。江西诗派皆师承之。"

陈师道

江西一派列三宗，雅奥精深意态浓。
安贫乐道饥寒死，可叹弘才世不容。

自注：吕本中《江西诗社宗派图》将陈师道与黄庭坚、陈与义并列为江西诗派三宗。《宋史》本传："家素贫，或经日不炊，妻子愠见，弗恤也。久之，召为秘书省正字，卒，年四十九。友人邹浩买棺敛之。师道高介有节，安贫乐道，于诸经尤邃《诗》《礼》，为文精深雅奥。喜作诗，自云学黄庭坚，至其高处，或谓过之。"

陆　游

几多梦境化雄辞，恢复中原志不移。
慷慨平生将万首，铁马冰河最可悲。

自注：陆放翁《十一月四日风雨大作》：“僵卧孤村不自哀，尚思为国戍轮台。夜阑卧听风吹雨，铁马冰河入梦来。”

范成大

挥毫植句在平畦，杂兴篇篇可品题。
底事诗风清似水，不甘扃锁困江西。

自注：范成大初学江西诗派，后博采唐宋，上追渊明。《田园四时杂兴》六十首最有名。

杨万里

处处山川怕见君，拈来万象笔生春。
沧浪称道诚斋体，活法吟诗指渡津。

自注：姜白石称赞诚斋曰：“处处山川怕见君”，意谓自然景物一入眼即可成诗也。

元好问

天然难得又真淳，绝句论诗见识新。
纪乱诗成深意在，金朝文学数斯人。

自注：元好问有《论诗》绝句三十首，其四有句曰："一语天然万古新，豪华落尽见真淳。"其《雁门道中书所见》有句曰："调度急星火，逋负迫捶楚。网罗方高悬，乐国果何所。"

文天祥

正气高歌泣鬼神，长吟击节泪沾巾。
从容就义光华永，笔墨淋漓大义申。

自注：《宋史》本传曰："天祥临刑，殊从容，谓吏卒曰：'吾事毕矣！'南向拜而死。数日，其妻欧阳氏收其尸，面如生。年四十七。其衣带中有赞曰：'孔曰成仁，孟曰取义。惟其义尽，所以仁至。读圣贤书，所学何事，而今而后，庶几无愧。'"狱中作《正气歌》，浩然之气沛乎充盈天地之间，可使懦者勇、曲者直也。

耶律楚材

瓮山故冢幸长存，元功乃在护人文。
西域河中风物美，难分平入亦超群。

自注：耶律楚材为元代开国功臣，厥功尤在保存汉族典章制度与农耕文化。有《湛然居士文集》十四卷，其《西域河中十咏》写河中府风土人情，闻名于世。王国维《耶律文正公年谱余记》曰：“《湛然集》中律诗以入声作平声者，凡数十见。”墓在颐和园万寿山下，保存完好。《明一统志》载：“墓东有祠，今为僧舍，石像犹存。本朝袁廷玉诗有‘玉泉东畔瓮山阳，水抱孤村地脉长’之句。”

赵孟頫

诗文书画本相通，一脉清泉贯腹中。
妙绝当时成定论，可惜未免婉柔风。

自注：《元史》本传曰：“诗文清邃奇逸，读之使人有飘飘出尘之想。篆、籀、分、隶、真、行、草书，无不冠绝古今，遂以书名天下。天竺有僧，数万里来求其书归，国中宝之。其画山水、木石、花竹、人马，尤精致。”

杨 载

诗宗汉魏复宗唐，捷敏高才自远扬。
扇上竹枝披历影，清声入梦带寒香。

自注：范梈《翰林杨仲弘诗序》曰："每大众广集，占纸命辞，傲睨横放，尽意所止。众方拘拘，己独坦坦；众方纡余，己独驰骏马之长坂而无留行。"杨载有《扇上竹》绝句曰："秋宵更受风披拂，听取清声入梦寒。"

范 梈

秋空云水化无穷，下笔欲夺造化功。
本亦独行特立士，心源自有温仁风。

自注：揭傒斯序其集曰："范德机诗，如秋空行云，晴雷卷雨。"《元史》本传云："虽癯然清寒若不胜衣，于流俗中克自树立，无苟贱意。居则固穷守节，竭力以养亲；出则假阴阳之技，以给旅食。""梈持身廉正，居官不可干以私，疏食饮水，泊如也。吴澄以道学自任，少许可，尝曰：'若亨父，可谓特立独行之士矣。'""元诗四大家"之一。

虞 集

弘才博识大儒风，冠绝四家推此公。
一挽文山知耿烈，诗心原与至贤通。

自注： 虞集居“元诗四大家”之冠，其《挽文山丞相》诗云：“徒把金戈挽落晖，南冠无奈北风吹。子房本为韩仇出，诸葛宁知汉祚移。云暗鼎湖龙去远，月明华表鹤归迟。不须更上新亭望，大不如前洒泪时。”可见其耿烈之心。

萨都剌

回人亦解汉家诗，温李余风展妙姿。
鬻女谣歌摧肺腑，尤尊太傅为宗师。

自注： 萨都剌字天锡。据陈垣考证，萨都剌乃回回人。《四库全书总目提要》曰：“虞集作《傅若金诗序》称：进士萨天锡最长于情，流丽清婉。今读其集，信然。”萨都剌《鬻女谣》有句曰：“道逢鬻女弃如土，惨淡悲风起天宇。荒村白日逢野狐，破屋黄昏闻啸鬼。……悲啼泪尽黄河干，县官县官何尔颜！金带紫衣郡太守，醉饱不问民食艰。”盖效法白太傅居易耶？

揭傒斯

一朝翰苑属名流，奥义微辞献大猷。
丽密清新绕气韵，诗中画意最难侔。

自注：《元史》本传载："早有文名。大德间，稍出游湘、汉，湖南帅赵淇，雅号知人，见之惊曰：'他日翰苑名流也。'……傒斯凡三入翰林，朝廷之事，台阁之仪，靡不闲习。……故微辞奥义，必属傒斯（订）定而后进，其言往往寓献替之诚，务以禅益治道。……诏修辽、金、宋三史，傒斯与为总裁官。……《辽史》成，有旨奖谕，仍督早成金、宋二史。傒斯留宿史馆，朝夕不敢休，因得寒疾，七日卒。"元人山水画笔墨非凡，如高克恭、倪云林诸贤，后人莫可及。元人诗亦多画意，揭傒斯《夏五月武昌舟中触目》："两髯背立鸣双橹，短蓑开合沧江雨。青山如龙入云去，白发何人并沙语。船头放歌船尾和，篷上雨鸣篷下坐。推篷不省是何乡，但见双双白鸥过。"宛然一幅画卷。

刘 基

尤精象纬类孔明，神锋四出势如龙。
骏才鸿调谁堪比，文宪并称一代宗。

自注：刘基字伯温，《明史》本传云："于书无不窥，尤精象纬之学。西蜀赵天泽论江左人物，首称基，以为诸葛孔明俦也。""基佐定天下，料事如神。性刚嫉恶，与物多忤。至是还隐山中，惟饮酒弈棋，口不言功。""所为文章，气昌而奇，与宋濂并为一代之宗。"有《诚意伯文集》二十卷，古近体诗皆工。

杨 基

四杰吴中并俊雄，格高韵胜数杨公。
五言恰似射雕手，春醉岳阳雨濛濛。

自注：杨基与高启、张羽、徐贲并称"吴中四杰"。顾起纶《国雅品》称其诗曰："格高韵胜，浑然无迹。"杨基有《眉庵集》十二卷，其《岳阳楼》诗云："春色醉巴陵，阑干落洞庭。水吞三楚白，山接九疑青。空阔鱼龙气，婵娟帝子灵。何人夜吹笛？风急雨冥冥。"沈德潜《明诗别裁》评曰："应推五言射雕手。"

高启

天赐才情采众长，华缨不羡隐淞江。
横遭殄戮知何罪，天日森森暗无光。

自注： 高启天才肆恣，论诗主张兼采众长，方可免偏执之弊。洪武二年召修元史，授翰林国史院编修官，三年退居吴淞江青丘，授书自给。七年获罪，腰斩于市。《四库全书总目提要》云："启天才高逸，实据明一代诗人之上。其于诗拟汉魏似汉魏，拟六朝似六朝，拟唐似唐，拟宋似宋。凡古人之所长，无不兼之，振元末纤秾缛丽之习，而返之于古，启实为有力。然行世太早，殒折太速，未能熔铸变化，自为一家，故备有古人之格，而反不能名启为何格。此则天实限之，非启过也。特其摹仿古调之中，自有精神意象存乎其间。"

于　谦

救时宰相竟何辜？忧国忘身反被诬。
碧血一腔无处洒，化为青白遍野芜。

自注：《明史·于谦传》载："生七岁，有僧奇之曰：'他日救时宰相也。'"土木堡之役，英宗被俘。谦拥立景帝，坚守京城，击退瓦刺军，厥功伟矣。后额森见中国无衅滋，欲乞和，英宗归。谦弃市，籍其家。"谦性故刚，遇事有不如意，辄拊膺叹曰：'此一腔热血，竟洒何地！'"有《于忠肃集》，《石灰吟》不见于集中，有句曰："粉骨碎身浑不怕，只留青白在人间。"述志之作也。

文徵明

作书作画俱无伦，玉磬山房保此身。
孰料诗名终被掩，何人长忆甫田文。

自注：文徵明于嘉靖二年授翰林院待诏，五年辞官，归隐玉磬山房，年九十卒。有《甫田集》三十六卷，诗风兼学唐宋，不染七子习气，惜文学史多不涉及。

李梦阳

盛唐秦汉共推扬，浪得大名亦未妨。
老杜比肩非确论，空同只可窥门墙。

自注： 空同子李梦阳，明“前七子”领袖，主张文必秦汉，诗必盛唐，固无可厚非。然其诗作殊欠神韵，钱谦益《列朝诗集》引程孟阳语讥其“浪得大名，蔓传讹种”，未为公允，然实难与盛唐诸公相提并论也。

袁宏道

三袁下笔见性灵，七子积氛欲扫清。
更见忧民抒愤语，岂直妙适有真声。

自注： 袁宏道与兄宗道、弟中道并称“三袁”，标举性灵，提倡真声。其《戏题斋壁》《显灵宫集诸公》等诗亦有忧民之语。

锺　惺

幽深孤峭炼诗心，雕镂文辞类苦吟。
欲矫公安轻率病，何期更远盛唐音。

自注：《四库全书总目提要》曰：“《诗归》五十一卷，明锺惺、谭元春同编……是书凡古诗十五卷，唐诗三十六卷。大旨以纤诡幽渺为宗，点逗一二新隽字句，矜为玄妙。又力排选诗惜群之说，于连篇之诗随意割裂，古来诗法于是尽亡。”

钱谦益

东林慷慨意难平，既附南明又降清。
天生不喜墙头草，纵使沉雄有令名。

自注：钱谦益早年为东林党魁，后依附马士英、阮大铖，又变节迎降清兵，为士林不齿。复与抗清志士瞿式耜、郑成功暗中联络。诗学杜甫，沉郁苍凉，为虞山派所推崇。

吴伟业

误尽平生悔仕清，脱胎太傅善歌行。
高低不在诗多少，一曲圆圆获大名。

自注：吴伟业《怀古兼吊侯朝宗》云："误尽平生是一官，弃家容易变名难。"《圆圆曲》效法白居易。

顾炎武

匹夫有责系兴亡，四海苍生入雅章。
回首向来流与派，何须饤饾论短长。

自注：顾炎武《海上》云："十年天地干戈老，四海苍生痛哭深。"《秋雨》云："生无一锥土，常有四海心。"心系苍生，即为佳作，何须以流派衡其短长耶？

王士禛

擅步文坛五十春，清词秀句妙无痕。
问渠何处寻神韵，秋柳风吹白下门。

自注：王士禛倡神韵，《秋柳》四首最享盛名，其一曰："秋来何处最销魂，残照西风白下门。他日差池春燕影，只今憔悴晚烟痕。愁生陌上黄骢曲，梦远江南乌夜村。莫听临风三弄笛，玉关哀怨总难论。"

沈德潜

别裁伪体倡清音，敦厚温柔教化深。
难免遗骸遭大祸，网罗可叹太森森。

自注：沈德潜编有《唐诗别裁》等书，提倡温柔敦厚。生前备受乾隆宠幸，死后竟遭追夺阶衔、罢祠、削封、仆碑。

袁　枚

随园肆意任悠游，别出心裁别访求。
标举性灵扬大帜，清灵隽妙足风流。

自注：袁随园倡性灵说，深得作诗三昧。其《寄怀钱玙沙方伯予告归里》曰“性情以外本无诗”，然诗家各有所长，诗意各有所得，为诗之道非止性情一端耳。

翁方纲

以学为诗诗趣无，诗歌学问本殊途。
岂能炫博充诗料，肌理何堪贯玉珠？

自注：翁方纲，号覃溪，顺天大兴人，乾隆进士。有《复初斋诗集》。主张“为学必以考证为准，为诗必以肌理为准”（《志言集序》）。所谓肌理，包括义理与文理。义理为“言有物”，指以六经为代表之思想与学问；文理为“言有序”，指诗律、结构、章句等作诗之法。袁枚讥曰“错把抄书当作诗”（《仿元遗山论诗绝句》）。

黄景仁

常从两当认乡贤，命蹇才高只自怜。
可喜青莲千载后，雄奇跌宕有新篇。

自注：黄景仁，字仲则，武进人，吾乡贤也。斋名两当轩，取《史通·隐晦》“以两当一”之意。其《太白墓》有句曰“我所师者非公谁”，洪亮吉《黄君行状》谓其诗“卒其所诣，与青莲最近”。

张维屏

诗坛劲敌视维屏，妙论为诗主性情。
读到高华沉郁处，心潮澎湃不能平。

自注：翁方纲视张维屏为诗坛劲敌。《新雷》《三元里》皆其代表作。

龚自珍

气似长虹笔似椽，呼风唤雨扫尘烟。
吟鞭遥念东挥日，绮句豪情映九天。

自注： 龚自珍《己亥杂诗》其五：“浩荡离愁白日斜，吟鞭东指即天涯。落红不是无情物，化作春泥更护花。”

魏　源

师夷长技制夷人，放眼寰球肇革新。
棹拨三湘浑似画，一湘一水俱通神。

自注： 魏源有《三湘棹歌》，最负盛名。

黄遵宪

挥动吟鞭走宇寰，八方风物入毫端。
如能借得生花笔，开辟新天未必难。

自注：黄遵宪以外交官身份先后赴日本、英国、美国、新加坡等地，日本樱花（《樱花歌》）、伦敦大雾（《伦敦大雾行》）、巴黎铁塔（《登巴黎铁塔》）、锡兰卧佛（《锡兰岛卧佛》），以及美国总统大选等，均可入诗。自称“新派诗”，提出“我手写我口”之口号。梁启超誉为“独辟境界，卓然自立于二十世纪诗界中”（《饮冰室诗话》三二），成为“诗界革命”之巨匠与旗帜。然其诗之艺术性稍有欠缺。

跋

造艺之妙，惟诗居首，论诗不易，遑言以诗论诗哉！虽然，自少陵、遗山以降，继作者夥矣；又安能人自有其面目耶？庚寅岁，春澍师示予以《论诗绝句一百首》，自诗骚而下，历数汉魏唐宋，抵明清以至近世，长河曲折，众星耿耿，阴晴变化，群峰历历，参酌三古，诠评百家，或可以“诗史”视之也！又且自为笺注，互文见义，尤见商量邃密之意焉。

先生性善妙悟，于诗独有造诣，谈艺论学，每拈示“纵通横通”之法，所撰诸书，一以贯之；今又有百章之作，以诗论史，片言居要，每见警策。如咏王子安“海月应知怜秀骨，烟波浩渺不归来”，怜才之意，溢于言表；称张燕公“提引清才凭慧眼，群星灿烂映秋空”，揭橥盛唐诗坛由来之一端，发人深思；判李义山“欲借无题说底事，聊凭蜡炬避春寒”，腾挪之妙，一至于斯！评王介甫“荆公最擅翻陈案，变法应知苦用心”，知人论诗，最堪玩味。凡此种种，谓之本色当行，圆融合度，不亦宜乎？

先生治陶有年，视渊明如旧友，首论和陶诸作，谓元亮以德立言，功在不朽。《论诗绝句一百首》一如仁者胜谈，悲天悯人，具同情之了解，而临事立节，褒贬之严，有不可干犯者。如称唐明皇“未了烟花债”，颇有言外之意；推东坡“自创新风自和陶”，而哂“皇帝权奸亦染毫”，与其《论和陶诗及其文化意蕴》同一机杼；至于赞耶律氏“元功乃在护人文”，难分平入则不妨轻轻放过，鄙“沉雄有令名”之钱牧斋，直言“天生不喜墙头草”，又岂是寻章摘句之旧窠臼耶？先生居尝戏谓：一流人物须自作诗文，任人评骘。今寻绎百章，谓为作手，世当不以吾言为河汉也欤？

尝思之，人文形上之学，其归何在？小而言之，能见智识之超拔，为情感之依托。大而言之，承前启后，以维系一国家一民族之历史记忆与身份认同。——诚如先生所谓“无用之大用”也。昔人云，风行水上，自然成文，流行坎止，有不得不然者。予幸从先生游，虚往而实归，惟绠短汲深，未得其百一，附骥赘语，以为筌蹄可矣。

门人曾祥波敬书

愈庐诗钞

自　序

昔有客问郑綮："相国近有新诗否？"答曰："诗思在灞桥风雪中驴子上，此处何以得之？"杨万里亦曰："闭门觅句非诗法，只是征行自有诗。"诚哉！二公之言。余闭门日多，征行日少，辄苦于诗思之涩，诗法之拙。惟一时兴会之至，发为吟咏，率性而作，无关宏旨也。

夫唐音宋调固自不同，然言志缘情，指归无异。后人有崇唐音者，有倡宋调者，各有会心，亦各有佳什。予自幼浸润唐音，李之飘逸，杜之沉郁，韩之奇崛，白之晓畅，已沁入心脾，故吐言辄效颦唐贤，然终不免邯郸学步耳。

癸巳秋日，寻检旧稿，于《论诗绝句一百首》外，复选诗词百篇。重加润色，编为一帙。雪泥鸿爪，敝帚自珍，于己虽不无可资纪念者，于人恐难免瓦釜之讥。多蒙友人不弃，愿为付梓，未敢固辞，爰公诸世，聊博一粲，可乎？

癸巳重阳前二日袁行霈于愈庐

古近体诗

夜读庄子

掩卷翩翩入梦深，奇花异草遍琼林。
此身可是蝶魂否？几缕清香透薄衾。

1952年

新　月

弯弯新月似行船，载我乘风上九天。
欲摘春星三两朵，为伊镶在绿衫边。

1953年

煤矿劳动

头灯照处炭如金，巷道幽幽竖井深。
倏尔相逢浑不识，喧呼彼此是漆人。

注：1958年秋，伴学生赴京西城子煤矿半工半读，单日授王维，双日下井采煤。头戴柳条安全帽，上系头灯一盏，灯光照处，煤块闪烁。煤粉浓密，面目尽黑。同学交臂，几不得识，相顾而笑。

1958年秋

下放京西山村

仿佛即在武陵春，觅得桃溪涨绿痕。
戴笠荷锄归已晚，邻人误认是村人。

1959年夏

百花山早行

炊烟袅袅绕山村，星汉西流月未沉。
屋顶鸡鸣争报晓，岂知更有早行人。

1959年冬

梅边戏效晚唐体

梅边结伴挹清芬，素手纤纤曳翠裙。
谁唤东风拂细浪，更催晓梦化香云。
藕根拗断丝难断，湘竹无纹泪有纹。
独倚危栏何限意，杜鹃泣血不堪闻。

1961年

荆江筑堤

岁岁修堤各率先，荆江江水漫无边。
帆樯恰自头梢过，疑是仙槎泛碧天。

注：1964年秋北京大学师生赴湖北荆州参加“四清”运动，予驻江陵县张黄大队第七小队，是地濒临荆江。长江流经荆州，称荆江也。河床淤积，江面高于地面，水在上，人在下，不见江水，唯见白帆。

1964年

偶忆初登北大讲席有感

喜得英才诵雅音，不堪回首复追寻。
满墙彩纸迷人眼，是处喧声乱我心。
赤县岂能长谬戾，斯文不信便消沉。
屈平辞赋建安骨，千载悠悠感慨深。

1967年秋

二绝句

日间读报，不解尤甚。忧从中来，夜不能寐。

世事纷纷纵复横，枕云卧海梦难成。
衰杨也谙其中味？一夜萧萧天欲明。

萧萧木叶叩寒窗，明月无心照我床。
无奈终宵难入梦，殷忧似海起彷徨。

1968年

青岛前海栈桥

久梦东溟水，今宵步此桥。
潮来天地窄，浪退斗牛摇。
蜃市诚难遇，星槎或可招。
何当浮海去，万里任逍遥。

1973年2月

登回澜阁二首

信步长桥入海深，回澜高阁此登临。
谁人唤出云间月，万顷波涛一线金。

青山三面拱长桥，高阁崔嵬镇大潮。
坐看回澜忘夜久，星河耿耿贯寒霄。

1973年2月

玉　兰

玉树临窗立，春风花欲燃。
殷勤唯数我，一日几探看。

1973年4月

柳

飞花扑面复沾襟，拂了还来扰客心。
知尔缘何终泥我，应嫌秋鬓未秋深。

1973年5月

病中遣兴

凝虑澄心且乐天，养怡端可得长年。
胸怀秋水明如镜，遮莫窗前车马喧。

1973年6月

有客东归凭寄蕙姊

遥念鱼山山上楼，临窗阿姊盼归舟。
凭君传我平安字，剪却眉间一段秋。

1973年7月

偶忆卖冰女童

月淡星繁向二更，长街遥送卖冰声。
声含珠玉谁陶醉，韵协宫商自忘情。
似怯似羞频顾盼，如冰如雪好聪明。
辛勤一夏为何事？学费今年且自营。

1974 年

小汤山

肠炎久不得愈，遵医嘱赴小汤山疗养，且避风头。

小汤山下水如汤，花满东坡月满塘。
自有怡情支病骨，不教愁绪损柔肠。
青山隐隐添诗兴，碧柳阴阴借晚凉。
欲把此身随雁队，天空海阔任翱翔。

1975 年 5 月

柬行云三兄

秉性唯同楮墨亲，蠹鱼或恐是前身。
千元百宋曾经眼，五典三坟辨伪真。
仲任博综游洛肆，渊如精鉴馆平津。
何当先睹鸿文快，拭目相期又一春。

注：三兄长于目录版本之学，时正编纂《清人诗集叙录》。

1976年8月

清除“四人帮”述怀

一番骤雨洗腥膻，猎猎红旗色更鲜。
棘地荆天难举步，明山净水共争先。
须将帆舵全扶正，好趁春风快放船。
试看虹飞霞舞处，万民称快颂新天。

1976年11月

国庆礼花二首

何来电掣风驰笔，万里云天作画图。
乍见迸飞三五翠，须臾化作万千珠。
银河挽泻星飘散，月桂频摇花漫铺。
指顾苍穹齐仰首，欢歌笑语满京都。

谁嵌琼花上碧天，几家仙女散珠钿？
惊红骇绿飞云外，转紫回黄落水边。
璧月失辉光暗淡，古城着色影婵娟。
何妨就此乘风去，漫逐群芳共舞旋。

1977年

《山海经初探》撰毕呈顾颉刚先生

文章四海仰风神，五典精研更绝伦。
未识尝闻深似海，接言顿觉暖如春。
初聆妙法醍醐醉，高论大荒耳目新。
山海微茫何处觅，还凭麈教认梁津。

1978年3月

赴济南车中

穿河越野复行行，渐近乡关日色暝。
映眼华山浑似染，原来山比梦中青。

注：余原籍江苏武进，生于济南大明湖畔，幼时一度居北京，复还济南读小学，视济南如故乡。华山在济南东郊，古称华不注者也。

1978年10月

重访母校济南三中

一经指点忻然悟，伫立徘徊处处亲。
老柳婆娑嗟岁月，新松芊蔚现风神。
伊呦试学欧西语，咱俺喜闻齐鲁音。
最喜支颐窗下者，仿佛是我幼时身。

1978年10月

喜预山东大学文科理论讨论会会后登岱岳

构厦莲湖上，常闻学府名。
耆英何隽雅，新秀亦峥嵘。
盛会开风气，群言发正声。
莫道山势险，携手共攀登。

注：此次会议讨论检验真理之标准。大明湖又称莲湖。

1978年10月

登岱岳南天门

步登南天门，敢笑九天低，
晓日开宿雾，八荒览无遗。
纵目天地阔，众鸟伴云飞，
回首唤飞鸟，白云何依依。
翱翔环宇宙，闲步银河滩，
河水清且浅，且煮白石餐。

1978年10月

题眉山三苏祠应王瑶先生之命

一代文坛主，千秋享盛名。
崇山扶正气，素月化诗情。
宏论关兴废，长吟任雨晴。
岷江春色好，遍地是书声。

1979年1月

己未元日赠妻

廿载酸辛每共尝，底知疾恶有刚肠。
襟怀倘不清如水，世态能禁冷似霜？
海曙云霞辞晦夜，江春梅柳沐初阳。
年华莫道蹉跎甚，携手相期作远航。

1979年

娇女诗

左看玲珑右秀奇，千般纵惯百般慈。
旁人冷眼真堪笑，可是爷痴是女痴？

注：客有嘲予纵惯女儿者，作此解嘲。

1979年1月

自京飞滇机中作

扶摇九千尺，欲与青天语。
天外更有天，无涯亦无涘。
四顾尽苍苍，一点闲云起。
转瞬云为海，浩渺不见底。
唯觉白日近，羲和挥鞭驰。
相约共图南，我心大欢喜。
时空讵有限，混冥乃无已。
纵浪混冥中，忘天亦忘己。

1979年3月19日

首届中国文论研讨会诸公登太华山留影

且共驱车西门外，相约滇池半日游。
滇池浩瀚五百里，登临纵目一览收。
览得水光浓复淡，闲云雁影自悠悠。
池上不见江海浪，池底渊深讵可求。
滇池信是名胜地，惜乎吾侪难久留。
摄取滇中烟波影，文苑永结百年游。
或依龙门而翘首，或望极浦以周流。
或似玉山之独立，或列三五乃成俦。
胜景胜流相辉映，文采文气相比侔。
纵使雨散风流后，渭北江东长相酬。

1979年3月27日

石　林

底事天公块垒多，磐石林立竞嵯峨。
从来胜境非夷境，元气淋漓涌大波。

1979年4月3日

绍兴秋瑾故居

吴越多英烈，山阴有竞雄。
侠魂今倘在，应不唱秋风。

1981年9月

绍兴鲁迅故居

荒园称百草，款款蝶双飞。
健笔名天下，魂兮归不归。

1981年9月

游富春江江畔有春江第一楼及郁达夫故居

雾破云飞画卷开，山清水碧映楼台。
方知郁子文清丽，为有春江洗砚来。

1981年9月

富春江水电站

桐庐形胜地，最数子陵台。
景物今尤好，长虹跨水来。

1981年9月

严子陵钓鱼台

草芥王侯卧白云，高风千载忆斯人。
闲来垂钓春江上，翠竹苍松卜为邻。

1981年9月

东渡扶桑机中作

鲲鹏万里御风行，渡海凌虚半日程。
指点青山云起处，凭窗人道是东瀛。

1982年4月12日

惊悉马寅初校长仙逝

铁骨铮铮不老松，目光如炬气如虹。
一言本是兴邦策，可惜良图未见容。

1982年5月

与日本六教授共读宋词

阳春六一两牵缠，婉曲清深一脉传。
恨不邀来冯太傅，问明蛱蝶恋花篇。

注：读词会每月一聚，始读欧阳修《蝶恋花》“庭院深深深几许”，此词又见《阳春集》，题冯延巳。

1982年6月

三溪园

暂借松阴纳午凉，蝉鸣更觉暑天长。
几椽草屋浑如画，四面荷风袖底香。

注：三溪园，日本横滨市名园。横滨与上海结为友好城市，池中荷花移自上海。

1982年7月

自东京乘新干线至仙台访鲁迅故居

风驰电掣走雷霆，转瞬车飞青叶城。
广濑晴川环抱处，故居依旧小窗明。

1982年7月

伊藤漱平教授邀游日光时红叶正浓

古木寒苔小径通，客身恍在画图中。
秋山晚叶浓如酒，醉染天公夕照红。

注：日光在东京附近，日本名胜地。

1982年9月

壬戌岁杪作时执教于东京大学

翘首神州万象苏，客心能不忆莼鲈？
迎来新岁辞残岁，喜见今吾胜昔吾。

1982年

游天门山采石矶吊李白二首

双峰云汉外，绝壁大江前。
太白今何在，犹疑抱月眠。

才高天亦妒，志大世难容。
唯有峨嵋月，相将万里从。

1985年6月

采石矶吊李白

吾爱李太白，朗月铸诗魂。
才情涵天地，气象满乾坤。
万乘若僚友，豪右如埃尘。
白云自舒卷，清风笔下春。
岂无济世志？雄才惜未伸。
不甘效桃李，诗酒寄此身。
斯人殁已久，千载诵奇文。
留连采石上，吟望揖清芬。

1985年6月

黄山行

巍哉黄山传美名，乘兴南来曳杖行。
山麓小憩待明日，潇潇夜雨入梦惊。
晨起推窗极四望，朝霞似锦映微明。
毕竟天公知我意，浓云撤去放新晴。
才登数步心已驰，满目青山满目诗。
千姿百态未暇接，阴晴变化只片时。
峰峦隐现如幻境，烟云缭绕似幻师。
幻师幻境复幻化，人在化中安能知。
烟云来去何匆匆，来无消息去无踪。

宛如舞袖自舒卷，又似天马奔长空。
忽而摩天不可扪，倏已纷至荡我胸。
倘无烟云来又去，岂有黄山趣无穷。
辗转半日至天都，一峰直上插苍穹。
仰视天梯唯一线，梯上匍匐路难通。
峭壁悬崖挂老树，如挥长臂迎豪雄。
豪雄尽在天都上，数声长啸划长空。
还我青春十年少，天都顶上唱天风。

1985年6月

访锦秋湖渔洋山人书屋遗迹

冲和淡泊意微茫，弦外之音费品章。
怪底山人多兴会，锦秋水上月如霜。

注： 锦秋湖在山东新城，渔洋山人王士祯少时就读湖畔。

1986年4月

登嘉峪关望祁连山

主宰长城赖此关，飞檐耸入九霄烟。
多情最是祁连雪，绣出银屏障半天。

1986年9月

咏 菊

一夜西风草木衰，残荷败柳未须哀。
天公为我添诗兴，故遣黄花霜后开。

1986年11月

与伊藤漱平教授同游阿寒湖

阿寒水碧碧于天，洗我文心诗思鲜。
举目青山环四望，闲云野鹤两悠然。

注：阿寒湖在日本北海道，附近为丹顶鹤自然保护区。

1987年8月

人民文学出版社三十五周年志庆

丙寅岁三月二十七日正值余五十初度。

纂集英华卅五春，群芳粲粲映良辰。
若非巧助雕龙兴，安得广铺锦绣茵？
驰骋文坛齐勉力，扬帆学海道相亲。
唯从心底祈纯嘏，人寿年丰日日新。

1986年

访中岛敏夫教授山居

青山隐隐带余晖，碧海沉沉暑气微。
明月清风初访戴，暮云春树共思飞。
豪情已结文坛契，意气还将玉麈挥。
更喜殷勤花径扫，琴书万里至如归。

注：日本爱知大学教授中岛敏夫邀余前往讲学，并设家宴款待。

1987年9月

敬贺吴组缃先生八秩寿辰

天为斯文寿我师，老松生就傲霜枝。
世间风浪凭吹帽，笔底烟霞自玮奇。
肝胆照人光德布，齿牙吐慧露华滋。
群贤济济增遐寿，正是桃花斗艳时。

1988年春

首届昭明文选国际讨论会

雅论闳言兴会长，八方俊彦共高堂。
英华六代沉思事，妙简瑶编翰藻香。

1988年7月

恭祝老校长田丹七秩寿辰

几度沧桑苦，丹心似旧年。
高风拂皓月，亮节映云天。
永念黎民事，长吟松柏篇。
凝眸东海阔，桃李遍山川。

注：田丹先生，曾任青岛一中校长。错划为右派，“文革”中又惨遭批斗。

1989年11月

送柯马丁君归国

寒斋共论邺侯事，广坐曾吟白石词。
月夜何当重过我，听君妙解锦囊诗。

注：柯马丁，德国留学生，在北大研究唐诗，尤喜李长吉。

1989年9月20日夜

静希师八秩寿诞

初聆麈教已归心，卅载相随慕更深。
隽语华章涵气象，弘言雅论见胸襟。
窗前春野少年趣，海上秋阳雅士音。
翘首苍松云汉外，明朝爽健胜于今。

注：静希师早年有诗集《春野与窗》，老年又有诗曰《新秋之歌》。

1990年2月

得一新兄所赠水仙

清泉一盏沐春阳，远韵幽香引兴长。
端的诗家堂下物，携来犹自带书香。

注：一新名陈贻焮，北京大学中文系教授，与予同出林静希先生门下，而长予一十二岁。著有《梅棣盦诗集》。

1991年2月

贺晓园堂姊九秩华诞

常抱春蚕志，高风天地间。
襟怀开朗月，上寿比南山。

注：晓园姊斋名春蚕室。

1991年5月

听贝多芬D大调小提琴协奏曲

平生最爱管弦乐，管弦最爱是贝公，
发如火焰冲霄汉，面似金刚怒目睁。
嗟我贝公命多舛，穷愁潦倒终其生，
未肯朝叩富儿门，岂甘暮随肥马骢。
天公天公知不知，作曲最应是耳聪，
雄奇瑰丽竟何辜，无端偏教双耳聋。
贝公本有英雄气，热血满腔意难平，
满腔热血喷泻出，九曲交响世人惊。
另有余情何处觅，提琴协奏最分明，
此曲名为D大调，仙音繁会侧耳听。
暮春三月树成荫，腾挪跳掷鸣黄莺，
黄莺啼啭凤凰叫，一问一答若有情。
春风拂面影无踪，春雨濛濛悄无声，
无声无息无踪影，东寻西觅何凄清。

飞云流霞色斑斓，托出朝阳冉冉升，
倏忽黑云扑面来，青天撕破雷压城。
白鹰穿云唯一线，掉头冲入碧草甸，
拨开草丛不见影，唯见细浪穿石乱。
美人长发拖地垂，玉篦梳云声欲断，
欲断欲续正踌躇，金鼓齐鸣千百变。
铙钹号角奏轮番，一番一番情再现，
请出缪斯起婆娑，唤起大卫来鏖战。
指挥银棒划然停，舞台上下悄无声，
如痴如醉忽半晌，掌声雷动全场惊。
目光炯炯如火炬，隐约恍惚见贝公，
料我贝公必有知，九泉之下慰英灵。
世上何时无音乐，奏乐何时无贝公，
公侯大人今何在，音乐之王斯永生。

注：此乃贝公以小提琴协奏曲创作之唯一作品，编号六十一，凡三章，据云系与莱莎·勃伦斯威克相爱期间所谱。其第二章曼妙悠柔，不绝如缕，其积愫之深、心曲之微，在可言与不可言之间。嗟乎！昔老杜诗曰：此曲只应天上有，人间能得几回闻。取以赞贝公此曲，庶几近之矣。

1992年

乙亥重阳新加坡新声诗社主办全球汉诗研讨会奉赠与会诸公

环球俊彦聚狮城，洛诵清吟和凤鸣。
汉粹弘扬交契友，胡姬作证结诗盟。
挥毫逸性秋云阔，落笔高情霁月明。
万古风骚传一脉，从来旧曲让新声。

注：胡姬又名蝴蝶兰，新加坡国花。

1995年10月

与友人同游西湖口号二首

群贤济济画中游，山色湖光望眼收。
捧得盈盈一掬水，凭君遥赠海东头。

平湖秋月映山光，更有三秋桂子香。
欲把保叔当画笔，且为西子绘霓裳。

1996年10月

哈佛广场竹枝词

广场区区徒有名，通衢屋舍亦平平。
报摊好是流连处，只待华灯伴月明。

注：哈佛广场，虽称广场，实颇逼仄。街角有报摊，各种报刊应有尽有，琳琅满目，晚间顾客甚多。

1997年9月

美国新罕布什尔道上

两厢红叶涌如潮，让我通衢入碧霄。
采得秋光添逸兴，高歌一曲伴清飙。

1997年10月

访翁万戈先生莱溪居别业

驱车来画里，云淡鸟声闲。
何处秋光好？翁家醉满山。

注：翁万戈先生乃翁同龢后人，所藏古籍善本甚富。别业在新罕布什尔群山中，秋叶如醉，点缀其间。余随白谦慎教授造访，获观宋元善本多种，畅谈甚惬，留宿一夕。

1997年10月

澳门回归感怀

哀我濠江水，滔滔蒙虏尘。
金瓯今补阙，玉宇喜更新。
旭日临南海，群星拱北辰。
龙腾千禧始，华夏阖家春。

1999年

黄山有奇石状如巨笔与笔架峰遥相对峙云烟缭绕蔚为奇观庚辰夏得览此景口占一绝

万壑松风雨霁时，倚栏指点意飞驰。
凭谁借得生花笔，饱蘸云烟写好诗。

2000年

飞经戈壁作

玉鹤飞戈壁，乘风上紫穹。
沙平天映地，云淡日当空。
巨翅凌虚境，洪炉默运中。
澄明心似镜，直欲探鸿蒙。

2001年9月9日

巴黎圣母院

一曲清流护圣堂，钟楼穹顶忒辉煌。
倘非雨果雄文在，恐不阶前久彷徨。

2001年9月10日

观斐济草裙舞

簪花左鬓女儿身，皓齿明眸亦动人。
最是草裙回舞处，悠悠千载古风淳。

注：斐济妇女簪花，左右有别：左簪未婚，右簪已婚。

2001年11月11日

十一月十三日夜宴

布拉翩翩映晚霞，身前身后尽飞花。
如茵碧草齐歌舞，舞罢长天月影斜。

注：参加全国政协代表团出访斐济，斐济总理设宴款待，主客各着花衬衫名布拉，翩翩起舞。

2001年

五访星洲

重寻旧梦梦胡姬，旧梦依稀化小诗。
若问关情何处最，班丹幽谷雨如丝。

注：胡姬，为新加坡国花。余1992年任新加坡国立大学客座教授年余，客寓班丹谷（Pandan Valley）。班丹，香草名也。

2001年11月

车过黄河作

浑浑天上水，滚滚向东流。
浊浪连穹宇，腾波逐细舟。
河清人有待，海晏亦堪忧。
济济斯多士，孰能献远猷？

2002年

辛巳岁十二月十二日梦中得句

千层海浪拥明月，万点星辰粲九天。
瑞鹤声声盈四野，诗花片片落窗前。

2003年1月24日

香江中秋望月时任城市大学客座教授

冰轮才辗出，朗照遍人寰。
门外一泓水，窗前数点山。
诗情沧海里，逸兴白云间。
暂客香江上，心闲梦亦闲。

2004年9月28日

故宫博物院观杜牧书张好好诗真迹

晚唐气韵妙天姿，彩笔清辞小杜诗。
幸有张公明大义，流连手迹引清思。

注：《石渠宝笈》著录："唐杜牧书张好好诗一卷，素笺本，行草书，存三十七行，余缺。前署'张好好诗并序'六字。"董玄宰曰："樊川此书深得六朝人风韵。"张伯驹先生，别署丛碧，中央文史研究馆前辈馆员。是年，故宫博物院于景仁宫举办建院八十周年捐赠文物精品展，内有丛碧先生捐赠杜牧书张好好诗真迹。余自幼喜小杜之俊爽风流，获观其自书诗，流连忘返。归来赋此小诗，恐未得其神韵于万一也。

2005年9月

自奥斯陆至斯德哥尔摩道上

望眼秋山绿间黄，平湖似镜雁成行。
素心恰似三秋水，一派澄清映初阳。

2007年秋

恭祝梁披云先生寿登期颐

人间信有笔生花，吟啸濠江称大家。
愿效梁公新气象，挥毫试绘满天霞。

注： 梁披云先生，澳门著名诗人，有《雪庐诗稿》。

2007年12月

汶川地震感怀

地坼山崩一瞬间，军民抢险共争先。
重整乾坤重振作，重研朱墨绘新天。

2008年4月

庚寅清明即事

底事春来晚，清明料峭寒。
王家岭下水，何日尽吸干。

注： 山西王家岭煤矿透水，153名矿工被困。今消息传来，幸有115人脱险，所余有望生还，至祷。1958年秋，余曾伴北大中文系二年级学生赴京西城子煤矿半工半读，多次下井挖煤，深知煤矿工人之艰辛危险。

2010年

《陶渊明影像》出版喜赋

夙慕渊明厚且淳，搜寻影像费精神。
郑虔旧绘无缘见，钱选原图有足珍。
龙眠意趣多临笔，乌目形神别出新。
一卷新书陈几上，恍疑身是武陵人。

注： 撰写《陶渊明影像》前后断续二十年，寻访国内外多家博物馆。元钱选《归去来图》现藏美国纽约大都会艺术博物馆，题宋李公麟（龙眠居士）《渊明归隐图》，恐系后人仿作。清乌目山中人王翚《桃花渔艇图》今藏台北故宫博物院。

2010年10月

冰岛火山喷发滞留马德里

火山一怒万机停，地底劫灰蔽太空。
留我名城三夜驻，静参宇宙幻无穷。

2010年4月18日

马德里竹枝词

长街小巷尽春光，占尽春光俏女郎。
忒喜油条朱古力，店前店后总飘香。

注：旧城内有卖热巧克力者，以油条蘸之，香脆可口，门庭若市。

2010年4月19日

访塞万提斯故乡阿尔卡拉

魔侠人笑太憨生，我爱憨憨救世情。
世上偏多无义事，书生怎奈意难平。

注：塞万提斯《堂吉诃德》最早中文译本为《魔侠传》，林纾译。

2010年4月19日

自题《论诗绝句》一百首

道法自然诗法何？池塘春草荡清波。
灵光一现花如绣，恰是天成妙趣多。

2010年9月

飞经白令海峡作

白令知名久，人云古贯通。
冰封千丈水，雪掩万年踪。
日冷光疑冻，云凝色更浓。
忽闻银翼过，俯仰且从容。

2010年9月30日

题《新富春山居图卷》

大痴翰墨远通神，几度沧桑七百春。
重染丹青饶意兴，人间万象已更新。

2011年7月29日

纪　梦

晓梦归何处？茅檐几缕烟。
春风梳细柳，秋月印深泉。
共品青莲句，熟参摩诘禅。
何当重造访，携手过斜川。

2011 年

郭怡孮花卉

千枝万朵唤东风，一派生机谁与同？
许是春神添逸兴，助君妙笔夺天工。

2013 年 5 月

吴静山山水

挥毫不待巧安排，满纸烟云扑面来。
近水远山雄且秀，故人原自有奇才。

2013 年 5 月

金鸿钧花鸟

黄四娘家又一春，溪边篱下远世尘。
难忘最是参天树，叶落归根意象新。

2013年5月

听肖邦钢琴曲

戈壁朔风卷积雪，东海怒涛溯钱塘，
银河潺潺白石出，大漠飞沙破纸窗。
一排黄鹄鸣九皋，万里春风梳垂杨，
萤火明灭如滴泪，山深鹧鸪梦亦香。
满天星斗坠夏夜，散花天女笑声扬，
花外漏声惊塞雁，阵阵回风入松岗。
五色石碎逗秋雨，疏云飘散月如霜，
红叶满山马踏碎，刀剑齐鸣古战场。
琴曲出自谁人手，波兰孤儿名肖邦，
去国离乡十八载，一抔故土永珍藏。
幸有舒曼李斯特，誉满巴黎城与乡。
谁知心底何滋味，几多欣喜与凄凉。
朝朝暮暮才女伴，温柔乡里日月长，
善之花耶恶之花，是耶非耶乔治桑？
柔情岂能支病骨，底是才命两相妨，
撒手尘寰归天国，心葬故国尸骨香。

我爱肖邦钢琴曲，雄威旖旎两兼长，
拂我衣上尘与土，融我心上雪与霜。
化为细雨入清梦，润我诗心与诗肠，
化为战鼓壮行色，催我步伐何轩昂。
穿越时空无窒碍，音乐之声最激扬，
世上音乐浑无数，回肠荡气是肖邦。

注：肖邦生于1810年，甫冠，携波兰泥土去国远游，音乐臻于高峰，舒曼誉为天才，李斯特亦为之推毂。时波兰遭列强瓜分，遂自称“波兰孤儿”。其音乐兼有雄壮、旖旎之美，多采波兰民族曲调。乔治·桑与肖邦同居，助其才华驰骋，亦有责乔治·桑促肖邦早夭者。惜哉，享年仅三十有九。友人遵嘱奉其心脏归国安葬。

2013年6月

呈黄公宗鉴大学长

十年尘劫后，结契喜阳春。
伟论无俗调，清吟有郢人。
青松托夙志，翰墨寄辅仁。
好待期颐日，还希寿大椿。

2014年11月26日

题吴静山临米芾书

卷开如对米元章，兼备形神翰墨香。
阵马风樯何得似，书生本色自癫狂。

2015年2月

京都兴隆寺即兴

青天是处染红霞，古寺沉沉雨脚斜。
莫道人生真苦短，请君举首看樱花。

2015年3月

八十自寿

应王兄能宪之请，雕塑家吴为山先生为塑铜像，形神兼备，憨态可掬。遂效白乐天《自戏三绝句》、苏东坡和陶诗《形影神》，兼采启元白夫子《韵语》笔调，口占一诗，以申谢悃，兼酬诸契交。时八旬正寿。

日月如穿梭，倏尔髦朽状。
何德复何能，巨擘为造像。
昔有戴安道，建康称宗匠。
今有吴为山，写意不相让。
一瞥似闪电，慧眼何明亮。

妙艺捏又搓，须臾见模样。
笑尔臞如鹤，鼻准大无当。
笑尔目昏眊，何堪察悖妄。
智短且乏术，无端恐招谤。
腹笥既空疏，岂敢频亮相。
吴兄多美意，殷勤寄厚望。
同学诸胜流，祝尔寿无量。
桃李已盛开，湖水正荡漾。
相期十载后，重聚各无恙。

注： 戴安道所塑佛像藏于建康瓦官寺，与狮子国玉佛像、吴道子维摩诘壁画并称三绝。吴为山倡导写意雕塑，所塑南京大屠杀群雕、齐白石像、林散之像及睡童，享誉中外。

2015年4月

词

渔歌子·汇泉后山农舍

屋傍青山一路花，荠芽逐水绕篱笆。三面海，一天霞，春风先到这人家。

1973年5月

望海潮·青岛

白云红瓦，蓝天碧海，高低廿万人家。鸥鸟群飞，青松挺立，春潮翻卷如花。飞帆逐流霞。看水深浪阔，樯影横斜。十里春风，一番甘雨，绿桑麻。

重来信步平沙，倩沧溟助我，缅忆韶华：东海日出，长堤浪啸，几曾踊跃欢呀。学泳志堪夸，恨不能游遍，海角天涯。难忘清宵伏枕，犹自梦擒鲨。

注：余十四岁至十七岁客寓青岛，今重返养疴，忆及当年，感而抒怀。

1973年5月

鹧鸪天·香山

袅袅秋风宿雨收，穿云涉水入深幽。漫山红叶红如酒，醉煞游人何所求。

肠欲断，鬓先秋，一生禁得几多愁。闲情一总都抛却，风自飘飘水自流。

注：时肠疾转剧。

1973年秋

满庭芳·晓园堂姊归自美国

霞舞虹飞，雨收云散，江山万里澄鲜。宏图初展，峰险勇登攀。多少耆英新秀，齐振作，跃马扬鞭。薰风里，千红万紫，百卉共争妍。

年年，双飞燕，长随春水，来返家园。喜太平有象，兴会无前。走遍三山五岭，斟卮酒，共唱新篇。尔与我，晴空铺纸，挥笔画春山。

1977年

水调歌头·中秋偕友人步月时客东京久矣

何处月明亮，人道是故乡。遥知篱下秋菊，今夕满园香。欲趁清光归去，伴我盈盈娇女，娓娓话家常。一勺故乡水，沁我九回肠。

步幽径，观月影，品诗章。二三俊友，相随展翅欲飞翔。唤起苏辛李杜，携手王杨卢骆，吟啸共徜徉。思接千年上，下笔挟风霜。

1982年

诉衷情·次韵友人兼答谢所绘水仙

飘风飘雨触乡愁，清梦竟难求。故园应是秋好，晴碧映红稠。金石韵，沁心头，笔端流。感君厚意，仙骨天香，伴我中秋。

1982年

东风第一枝·植树

大地风暖，长空雨细，又逢植树时节。千山正思新装，万木初吐翠叶。春回人世。欲绘出，苍碧重叠，遍燕南冀北京华，旧园古陵城阙。

良谋定，心齐力协；宏图展，地灵人杰。永绿宛似友情，长林象征团结。五洲来客，共浇灌，水流清澈。倩谁将史笔彩笺，书此千秋功业？

注：晓园堂姊在全国政协倡言建北京国际友谊林，代赋新词。

1983年

渔歌子·邮递员

一骑双轮载厚情，长街小巷任尔行。绿衫舞，绿车轻，千家万户喜相迎。

2001年

西江月·农民建筑工

擎起虹楼云厦，栖居蔽屋板棚。斯人过处现新城，踏遍三山五岭。

不顾寒冬酷暑，怕甚暴雨狂风。知他爱憎自分明，笑对人间暖冷。

2002年

满江红·国庆

仰望秋空，倬云汉，推移未歇。叹往昔，山河破碎，万民悲烈。六秩春秋沾瑞露，八方禹甸换新月。奔小康、迈步喜和谐，民心切。

黄河水，昆仑雪，齐携手，天狼灭。驾长风问讯，广寒圆缺。更教天穹开瘴雾，造福人类凝心血。寄豪情、凉热共环球，登玄阙。

注：玄阙，天门，《楚辞》载刘向《九叹·远游》："登阊阖于玄阙。"此借指人类幸福未来之门。

2009年10月2日中秋前夕

春雪（自度曲）

春睡初醒，搴帷惊呼，好个琉璃人寰。细看来、却是红霞白雪蓝天。谁倩粉蝶漫舞，携将万千花香，撒满心田？

复有谁、嘘吸间，驱散一天雾霾，还我个清新清澈清和，伴着那安然畅然欣然。恍惚处、恰入梦境：寻常百姓人家，化为玉宇琼楼，燕子翩翩。不见了愁云，更哪有饥寒！

2013年3月20日（癸巳春分）

水调歌头·焦裕禄同志逝世五十周年

五十春秋矣，谁不悼斯人。遥思兰考大地，桐树已成荫。漠漠良田万顷，处处焦公身影，雨露润阳春。俯首奉杯酒，酹地祭忠勋。

世之范，民之望，国之魂。清风正气，何时吹散雾霾尘？只怕蛀虫不尽，不信中华不盛，峻峙有昆仑。明月当空照，百姓为北辰。

2014年4月19日

跋

余性雅好文学，诵惟古人词章，常恨生不同时，洎乎受业春澍先生门下，始释前憾。先生之谈艺也，涵泳风雅，擘肌入理，有敲骨得髓之妙，余促膝闻教，辄觉喜不自胜。

先生尝作《论诗绝句一百首》，评骘百代，别裁正伪，向余读之，以为非精于诗者不能道也。近蒙垂示《愈庐诗钞》，乃得益见先生之慧心。“潮来天地窄，浪退斗牛摇”，气象雄浑，置诸唐集略无愧色；“映眼华山浑似染，原来山比梦中青”，妙趣天成，语隽意永；“几椽草屋浑如画，四面荷风袖底香”，风情蕴藉，雅致幽怀；以歌行摹写贝多芬、肖邦管弦之乐，博喻连珠，寄旨遥深。至于他作，或发太白之逸兴，或牵子美之沉吟，不胜句摘矣。

伏惟诗之妙者，可以气感而不可以句求，何则？盖诗者发抒性灵、申写怀抱之为作也，方其郁勃胸次，兴适景会，摇笔落纸，自然成文，然此非至性至情、工于文翰者不能为也。先生论诗，倡以“博采、精鉴、深味、妙悟”之说，夫博采者含茹百家，精鉴者洞烛九幽，深味者契会三昧，妙悟者灵犀一脉。先生之诗，浑浑灏灏，元气淋漓，合其诗论而观之，殆有由欤？

孟子有言：“诵其诗，读其书，不知其人可乎？”余幸承麈教，几于三载，躬聆謦欬，日增景慕，知先生歌诗之温柔敦厚，实本于性情；文章之渊懿雅正，诚系乎学养。“世间风浪凭吹帽，笔底烟霞自玮奇”，“隽语华章涵气象，弘言雅论见胸襟”，迻先生之诗以论先生其人，庶乎近之矣。嗟余末学肤受，未敢辄发蚓窍，故覆诵再四，爰缀所感，聊示钻仰之意，愧非知音之论也。

是为跋。

受业孟飞敬撰

2013年12月

听雨集

自　序

收入本书的散文是历年来陆续写成的，有长有短，不成系统。有的发表过，并不在乎报刊的级别以及读者的多寡，不过是酬答编辑约稿的美意而已。有的没发表，只是兴来之作，有的则是为了锻炼脑筋和手指的灵活度，以免过早痴呆。就这样积累了若干篇，这情形宛如在记忆的荒园里薙草，掇拾几许，扎成一束，结为一集。

有人说散文的特点就是散，季羡林先生不同意，他的话有道理。不过作者写散文的目的不同、心境不同，散与不散，不妨悉听各人之便，兴之所至，未可一概而论。我写散文并未预设什么特点，但总是物有所感、心有所动才动笔。“鱼龙潜跃水成文”，如把自己的心比作鱼龙，则鱼龙动了，文章自然就有了。

大凡人读书总有预期，读不同的书心情也会不同。读古代圣贤的经典，心情严肃；读学术著作，精神集中；读散文则比较轻松，而且不必从头读起，可以挑着读，可以在枕上读，也可以在马上读。所以写散文的人心情也大可放松，引文不必注明出处核对版本，文章的逻辑性严密固然好，拉杂一点也无妨，要的是真话、真性情。不知道别人如何，至少我是这样的。

我的散文常常请女儿先读，她认可了才算定稿。有时她会挑刺儿，有时她会替我改些字句，而且是用大人的口吻：“这样不就好了嘛！”我都虚心采纳她的意见。写这些散文好比拉家常，要的本就是那种亲切的气氛。

听　雨

李商隐诗曰“留得枯荷听雨声”，很有意趣。但听雨偏要听那枯荷上的雨声，心情未免太衰飒了。而且，留得枯荷以备听雨，这又有点故意制造环境以引起衰飒的意味。不如韦庄的“春水碧于天，画船听雨眠”来得自然。陆游的“小楼一夜听春雨，深巷明朝卖杏花”，写出一个过程，从夜晚到清晨，仿佛整个临安城都洋溢着诗意。对照这些句子，回想我自己听雨的经验，既没有衰飒，也没有造作，只是将置身某种环境而有的某种相应的心情写下来罢了。

一次是1959年夏，我结束了在密云县大炼钢铁的劳动返回北京大学。因为天气太热，我们乘坐的那辆敞篷大卡车的司机要等吃过晚饭才动身：与其让毒日头晒上大半天，不如熬夜图个凉快。那天吃过晚饭，七手八脚地装上行李，爬上汽车各自坐稳，汽车便开动了。我抬头看了看天空，乌云密布，低低地压下来，一丝儿风也没有。汗水粘在衣服上，觉得空气黏腻腻的。车过了密云县城，就听到殷殷的雷鸣，好像远处有一个空心的大木球缓缓滚来。一会儿，豆大的雨点噼里啪啦地砸下来。我赶紧撑起一把用油纸做的雨伞，雨水如注，倾泻在伞上，已分不出雨滴的声音，只是唰唰一片，夹着一声声炸雷。在暴风雨里，我的伞没有支撑多久，伞面的斜角就变得近乎直了，继而伞骨穿透了伞纸，忽然在一阵狂风中翻卷上去，又收敛起来，再翻卷上去，这伞就完全放弃了它遮雨的义务。顿时，我暴露在雨中，全身湿透。别人和我一样，彼此面面相觑。幸亏有个聪明人，把堆在车上的盛馒头的柳条筐捡起来，倒扣在我和他的头上，两人一起抓住筐沿，便又有了一把坚固的“大伞”。再听那雨声，嘭嘭作响，低沉而有力，像一阵连续的鼓音。伴着这鼓音，我们的卡车开进朝阳门。这时天亮了，雨也已停歇，我们掀掉“筐伞”，只见路上的积水没过脚面，几个行人蹚着水慢慢地走着。

另一次是1992年，当时我正在新加坡国立大学任教。一座可容二百多人的大教室傍山而建，虽和主楼相连，教室的顶上却不再有房间，混凝土的屋顶平坦地暴露在阳光下。热带常有午后的阵雨，说来就来，说停就停。一天下午我正在讲课，暴雨来了。雨水打在屋顶上，整个大教室宛如共鸣箱，咚咚作响。虽然用了扩音器，但是学生还是听不清我讲话。那是在讲六朝诗，正讲到紧要处。我索性不讲了，请学生和我一起听雨。教室里静静的，大家一动也不动，以免发出声音干扰雨声。学生的脸上各有不同的表情，反映出他们不同的联想。十分钟后雨声小了，我们仿佛从梦中苏醒过来，教室里一阵窸窸窣窣。我问大家刚才听到了什么，有的说听到了音乐，有的说听到了诗。我呢，没说什么，但的确又听到了1959年夏夜的那场暴雨。

宋人蒋捷《虞美人》曰：“少年听雨歌楼上，红烛昏罗帐。壮年听雨客舟中，江阔云低，断雁叫西风。而今听雨僧庐下，鬓已星星也。悲欢离合总无情，一任阶前，点滴到天明。”这词的题目就叫《听雨》。1959年我二十三岁，不算少年了；1992年我五十六岁，还算不算壮年尚待研究。蒋捷借着听雨写出他平生的经历和心境的变化，我和他的经历、心境完全不同，但这两次听雨也反映了我自己的经历和心境的变化。蒋捷老来颇为萧瑟，我是一个乐观的人，老来听雨会是什么情形难以预料，但总不至于萧瑟，我有这样的自信。

1995年9月24日

茶　趣

我于茶并无嗜好，有也可，无也可，白水自有其清淡的美。对壶啦盏啦也不讲究。然而，我还是常常饮茶的。

我不习惯一边写作一边饮茶，不是因为饮茶妨碍写作，而是因为写作妨碍饮茶。我总是在写作的间隙，离开那堆已使我疲倦的书籍和稿纸，另找一个清静的去处专心致志地冲一杯茶，慢慢品来。这时除了茶什么也不想，于是从茶中得到一种趣味。茶之趣并非始自茶和唇接触的一刻，从拈茶入杯之时已经开始了。刚刚放下笔的手伸进茶叶罐里，估计着浓淡的需要拈出恰好的分量，置入杯中有轻微的声响，心情开始由轻松趋向平静。再将落开儿的水注入杯中，闲观叶片的浮沉。茶色渐渐晕出，如绘画时颜色的晕染。然后是水气袅袅，如日夕之轻岚，带着茶香，造成一种茶的氛围，此时虽未饮茶而已醉于茶了。

至于唇舌的感觉，我是宁可淡一点的。我喜欢淡，诸如淡蓝的天，淡绿的湖，淡泊的陶诗，淡如水的交往。记得弘一法师为广安法师写过一幅字，曰“入世法唯恐不浓，出世法唯恐不淡”。我并不想出世，但那个“淡”字挺合我的口味。所以饮茶也不求其浓，不浓就不会上瘾，不会形成对它的依赖。依赖一种什么东西总不大好，何况是茶呢？我既不想用茶刺激神经引起兴奋，只是借饮茶来休息，所以还是淡些好。再说，淡的味反而更有回味，因为舌与唇少受些刺激，其本身的敏感度不至于受到损害，对味的感觉便会更灵敏些。

不过，茶之趣主要不在茶内而在茶外，在于饮茶时那种安宁静穆的气氛，暂时摆脱了俗务忘却了世情，进入无我之境。茶的优劣倒在其次，这气氛是最要紧的。得鱼忘筌，得意忘言，得到了这种气氛便可以忘记茶叶本身了。本来嘛，就算茶叶含有维生素C和别的什么营养物，那一撮灌木的叶子又能供给我这七尺之躯需要量的几十分之一呢？

茶之内，有趣；茶之外，更有趣。这趣味不必有意求之，来与不来，听其自然而已。

（原载于中国台湾《国文天地》第6卷第8期，1991年1月）

书斋乐事

“重帘不卷留香久，古砚微凹聚墨多”，这是陆游对他的书斋的描写。陆游书斋的闲雅气氛，我神往已非一日了。

我的书斋虽然不俗，但是于“闲雅”二字还是不够的。一来，我的书太乱。用完之后随手一放，本来不大的桌面，堆了高高的几叠，剩下的地方仅够铺一张稿纸，搁两只手臂而已。局促之状自己也感到不便，却要拿“乱中有治”一类混话抵挡妻子的批评，而拒绝收拾。二来，读书的心情太急。自知根柢不厚，又荒疏了十年，需要开快车追回失去的光阴，所以很少有细细涵咏的工夫和水到渠成的乐趣。往往是要研究某个题目了，才现找有关的书来读，有点现趸现卖的样子。我常常觉得自己的书斋多了点什么，又少了点什么。大概是多了点匆忙，少了点闲静，那味儿就差多了。不过，我的书斋也有好处，它有刺激力，能刺激我工作的欲望和热情。在这里，书不是为收藏而收藏的，而是为使用而收藏的。读书不是消遣，而是如蚕之食桑，期待着来日的吐丝。那一本本散乱的书提醒我还有未竟的工作，应该赶快完成。书斋越乱，越是我用功的时候。“乱中有治”倒不一定，乱中有一种上进的要求和求知的快乐却是真的。

我的书斋是兼作客厅的。来客多是志同道合的朋友，话题常常围绕着学问。守着几柜书，随时可以翻翻查查，寻找一点佐证，增添几分情趣，“奇文共欣赏，疑义相与析”，那乐趣远非咖啡馆里的闲聊能比的。偶尔，有朋友到我的书斋来查找资料，我帮他一本一本地翻。翻开的书堆满了书桌、椅子，后来就索性摆在地上，终于使朋友满意而去，我再独自一本本合起上架。我这少得可怜的藏书居然解决了朋友的疑难，可见书没白买，心里的高兴就甭提了。如果这资料是在一本平时被冷落的书中找到的，就更有一种惬意，“养兵千日，用兵一时”，证明自己当时买这本书是有眼光的。

读书人之嗜书，有时近于贪婪。可是限于财力和书斋的面积，不能想买就买。近几年书价成倍地涨，在书店遇到喜欢的书，掂来掂去，不咬咬牙是不能买下来的。有时挑些书拿在手里，付款之前自己先算算账，不免再怅怅地放回几本到书架上去。每当将书买回家上了架，环视一番，在许多书脊所组成的光谱上，又多了一种色彩，便喜不自胜。书的增加，那乐趣并不在物的占有和积累，而是在精神上多了一种寄托，多了一个依靠，多了一位朋友。有的书未必一页页从头读到尾，但有它和没它，心里的感觉就是不一样。买书是乐事，得到作者的赠书更是乐事。收到老师的新著，想到他们年事已高，仍不辍笔耕，敬佩之余又为他们的健康而高兴。收到同辈的新著，想到他们在艰苦的生活条件下，做出这样的成绩，见贤思齐，备受鼓舞。收到学生的新著，想到他们锐意进取，脱颖而出，感到欣慰。我的藏书很少，没有善本，这些赠书就是我的善本。我准备积累到一定的数量，专门辟一个书橱收藏它们，算是我的特藏。

我有个习惯，每天临睡之前花一个小时浏览各种书刊，怡然独坐于书斋的孤灯之下。这是我一天之中心情最舒坦的时候，既是浏览，就不必太用心，不必认真选择。当天收到的刊物，新得的书籍，和专业关系不大的闲书，或虽非闲书而已久违的专业书，都是这时的读物。读的时候，不按顺序从头读起，看目录，哪里有兴趣就读哪里。或索性什么也不读，任思想自由地驰骋于广袤的天空。此时，左邻右舍灯火阑珊，家人也已入梦，唯钟声之“嘀嗒”为伴。我觉得这段时间完完全全属于自己。我得以在书斋里凝思人生、宇宙和历史，真是一大乐事。

我的书斋本没有斋名，偶忆《老子》，其中有这样几句：“人法地，地法天，天法道，道法自然。”遂取名“法自然斋”。

（原载于《光明日报》1988年3月5日）

书 趣

到我识字的时候，家里藏书已经不多了，父母督责又不严，所以我小时候并没有认真地读什么书，当然也领略不到书的乐趣。只是因为没有年龄相近的兄弟姐妹一起玩耍，父母又不肯放我出去撒野，便只好取书为伴，胡乱地读来解闷。那时读的书很杂，真正钻研过的也不多，一部《聊斋志异》成了我的好朋友。我本耽于幻想，但任凭我想入非非，也幻化不出聊斋里那么多瑰奇的故事。我对蒲家庄那位老秀才佩服极了。至于外国文学的知识，多半是靠了郑振铎先生的《文学大纲》，这书印刷精美，又有许多插图，成了我经常摩挲翻阅的读物。陆放翁说他小时候偶然见到陶渊明的诗，欣然会心，爱不释手。日暮，家人喊他用饭，至夜卒不就食。那真是一种福气。我远未达到他这样痴迷的程度。

1953年我考入北大，经常钻图书馆，这才日益体验了书趣。当时的图书馆在办公楼南侧，负责出纳的馆员，论年纪有的是师辈，和蔼可亲，颇有书卷气。递上索书条，略等片刻，书已到手。书库在楼上，有一类似烟囱的通道通到一楼的出纳台，借还的书籍都是由这通道吊下吊上的。等书的时候，那吊索、吊索上的书笼和书笼里放置的各种各样的书刊，便成为我注视欣赏的对象。那时阅览室里还有两样东西使我感兴趣，一是开架的工具书，有的厚极了，两手托不住，平摊在一个固定的支架上，任读者随时翻阅；另一样是铅笔刀，似乎是固定在一扇不开的门的框上，铅笔插进去，用手摇几下就行了。这些小设施体现了管理人员对读者的一份细心的关照。那时的馆长是向达先生，他是一位著名的学者，懂得读书人想亲近书的心情，所以允许教师入库。我一毕业留校任助教，便享受了这种优待，于是常常登上楼梯，钻进书库，随意浏览。身子挤在高大的书架之间的小胡同里，前后左右除了书还是书。伴着淡淡的书香，一待就是半天，比看电影、逛公园还惬意。有时被好奇心驱使，专取那些尘封已久的书来翻，弄得两手都是灰。看书的同时，留意书后借阅者的签名和年月也挺有意思。有一部书从三十年代郭绍虞先生借阅以后从未有人借过。郭先生的签名十分隽秀，至今难忘。进库的规定“文化大革命”中取消了，八十年代初得以恢复。有一段时间我的体力不佳，偶尔带个小马扎进去，站累了可以坐下歇歇。小马扎允许带入书库，是管理人员的优待和信任，心里很感激。

入库省了我很多精力和时间。有些书本来只要查阅一下就可以了，不需要麻烦管理员为我们取出来，彼此都省事。有时为了研究一个题目，需要查阅许多书，入库就更方便了。更重要的是入库可以激发做学问的兴趣，在无意的浏览中还可以发现新的有意义的研究课题。1982年至1983年我在日本东京大学教书，课余曾到八家著名的图书馆访书，有时也获准入库。著名的静嘉堂文库是收藏原属我国皕宋楼藏书的一家图书馆。文库长米山寅太郎亲自陪我入库，不少国内已看不到的宋元善本，整齐地存放在樟木制作的书柜里，欢迎读者借阅。更使我感叹的是东京大学的汉籍中心，索性发给我一把书库的钥匙，供我随时入库读书，真是方便极了。

逛书店也是一件趣事。五十年代和六十年代初，琉璃厂、隆福寺、东安市场都有不少旧书店，书多而且便宜，偶尔还能碰上善本。可惜当学生时零用钱很少，当了助教月薪也不过五六十块，能有多少钱买书呢？实际上是把书店当成图书馆来逛。近几年收入增加了，可是书价也涨了。线装的古旧书，以前几十元一部的，现在恨不得卖到千元，仍然是买不起。隆福寺的旧书店关闭了，东安市场的旧书店消逝了，只剩下琉璃厂还有几家，俨乎其然的，早已不是当年那副欢迎读书人来买的样子。物以稀为贵嘛，也难怪。不过平心而论，这些年我还是买了点书。我给自己定下一个规矩：走进书店万不得已不要空手出来，总得买一两本才对得起书店和书的作者们。就这样，有自己买的，有朋友写了书赠送的，加起来我这间十四平方米的书房几乎摆满了三面墙的书。陶渊明有诗曰："桑麻日已长，我土日已广。"我看着自己的藏书常常想起这两句诗来，借用其意表示藏书增长的喜悦。

不过，做研究还得靠图书馆，个人的书远远不够。一些老师不愿离开北大，有一个重要的原因就是依恋这儿的藏书。尽管别处住房宽敞奖金优厚，但是书少，做研究不方便。我希望政府多拨些图书经费，使北大图书馆的藏书更丰富些，也希望北大图书馆多做些方便读者的事。读者的研究工作取得成绩，决不会忘记图书馆里那些忙忙碌碌供给他们图书资料的人们。

（原载于《北京大学校刊》1992年1月10日）

读　帖

小时候长辈命我临帖，也曾敷衍过一阵子，既是敷衍，当然尝不到什么乐趣，也就没有什么长进。长辈见我不堪造就，便放松了督责，我索性不再临习了。现在想起来颇有点后悔。

然而，毕竟算是摸过帖的人，临不好，读还是乐意读的，这读帖的乐趣一直维持到现在。每逢空闲或虽忙而欲偷闲的时候，便随意取些帖来，或坐或卧，任意翻阅。《平复》就《平复》，《兰亭》就《兰亭》；《祭侄稿》也行，《寒食诗》也行，拿到什么是什么。有时连文章一起欣赏，王羲之帖中的伤时之情，颜真卿帖中的浩然之气，孙过庭《书谱》的高论，米芾《虹县诗》的遗词，都令我赞叹。有时只看书法，而不顾文章如何。就一个字而言，其提顿转折、间架结构，或严整，或奇险，或潇洒，或庄重，很值得揣摩。就一行字而言，其字距之疏与密，气势之畅与涩，大有可以玩味的地方。就一幅字而言，其布局的巧妙，那种类似音乐旋律的意味，那种徐疾浓淡所形成的节奏感，更是常读常新。有时读到会心处，情不自禁学着用手比划几下，即所谓“书空”。有时并不比划，只是呆呆地读着，一边读一边猜测前贤的模样和秉性：王右军也许很瘦，既然“频有哀祸”，又

“哀毒益深”，焉得不瘦呢；苏东坡字肥，人大概也胖胖的；张长史嘛，写狂草的人，恐怕有点邋遢；黄山谷呢，笔法开张，为人大概相当豁达。就这样，与千载之上的古人交友，真有无穷的乐趣。

我还有一种习惯，一边读帖一边听音乐，多半是欧洲的古典音乐。眼前是二王、颜柳、苏黄米蔡，耳边是巴赫、海顿、莫扎特、贝多芬。书法与音乐，中国和欧洲，颇有可以沟通的地方。巴赫与颜真卿的恢宏，贝多芬与苏东坡的雄放，肖邦与文徵明的俊逸，往往令我惊异其间的相似。当读到笔墨酣畅之处，又恰逢五音繁会之际，浸润在一片不可言说的愉悦之中，如痴如醉，物我两忘，不知时光之流逝。曲终以后，慢慢合上帖，环顾四周，自己多年购置的书籍不太整齐地插在书橱里，心中很充实也很轻松。我不练气功，这就是我的气功。试想，“寂然凝虑，思接千载”，这不是气功的境界，又是什么呢？

（原载于《人民政协报》1995年9月28日）

总在遗憾中

我对书法缺乏研究，又懒于临池，只是喜欢读读帖而已。帖读多了，就自然而然地学会了辨别雅俗，并不自量力地用古贤的标准衡量自己，于是陷入不断的遗憾之中。字，几乎每天都要写，遗憾便几乎每天伴随着我，少有对自己满意的时候。一个字的好坏无须写出来看了才知道，在笔和纸接触的那一刻就已经感觉到了。由此我想到，所谓书法，就是在书写过程中找到最舒适的感觉，以达到笔墨纸三者之间最完美的配合。在笔墨纸三者之中关键似乎是墨，笔和纸是通过墨才发生关系的，一支没有蘸墨的笔在纸上什么也写不出来。墨的浓淡、深浅、润枯，以及光泽与暗淡，其间有很多讲究。为什么看拓本不如看影印本，看影印本又不如看真迹？原因之一就是看不出墨趣来。字的间架、线条固然难以掌握，用墨也不容易，用墨没有定法，全凭书写者挥洒。会有意外的趣味，也会有意外的瑕疵，其间的得失恐怕只有写字的人自己知道。敬称别人的字曰墨宝，不说笔宝、纸宝，不知道是不是也在强调墨的重要。

唐人说“诗思在灞桥风雪中驴子背上”，宋人说“工夫在诗外”，书法的道理也一样。杜牧并不以书法著称，但他的墨迹《张好好诗》是第一等的书法。杜牧说作诗“以意为主”，他写字大概也是这样。“以意为主”就是求诸字外，注重书写者平时的人格气质和写字时的心理状态，这都是字外的东西。再看范仲淹、朱熹，他们也不以书法著名，但范仲淹的《道服赞》和朱熹的《城南唱和诗》，都是绝妙的书法作品。颜真卿的《祭侄文稿》和《争座位帖》不过是文章和书信的草稿，信手写来，颇有涂抹，然涂抹处亦成妙趣，比他的那些经意之作还耐看，因为字外的东西更多。我这样说并不是否认刻苦练习的重要性，只是觉得光靠伏案练习还不够，人格、学问、修养、阅历，这些字外的功夫不可忽视。我说这番话更不是为自己懒于临池辩解，就我而言字外字内的功夫都不够，偶尔应友人之命写幅字凑凑热闹就是了，至于艺术性根本就谈不到；而且写一次就留下一次遗憾。我自知在书法方面已不堪造就，遗憾也只好永远遗憾下去了。

（原载于《北京大学当代学者墨迹选》，北京大学出版社1992年版）

琉璃厂忆旧

我小时候曾有一段时间居住在琉璃厂的一座四合院里。虽然我对那里的记忆已很模糊，但是因为家里人常常说起，所以觉得琉璃厂这个地名很亲切。二十世纪五十年代我重新回到北京，也曾不止一次去寻过旧居，因为老人都已不在了，我无法了解确切的地址，总也未能找到。独自走在那条街上，依稀中似乎有我的旧踪，却茫然不知何在，心里颇为惆怅。幸好那条街上旧书肆鳞次栉比，那些书店便成了我常常光顾的地方。

逛旧书店可看者有三。一是看书，三坟五典、经史子集、小说戏曲、碑帖拓片，许多正规的图书馆里并不收藏的各种稀奇的读物，都可以在这里觅见。教书离不开图书馆，我所任教的北大的图书馆是我常去的地方。向达先生任北大图书馆馆长的时候，教师是有资格进书库的。当我留校任教之后便获得进书库的资格，第一次钻进书库时，在惊喜之余深感自己学问欠缺。走进琉璃厂的旧书店也像进了图书馆，有时索性就把书店当成图书馆。“文革”前后有一段时间我常随堂兄行云去逛琉璃厂，他长于版本之学，能花不多的钱买到相当好的书。一部清康熙刻本《高青丘集》只花三十块钱就买到了。他当时正在编撰《明诗选》，这本书是他所珍贵的。二是看店员。琉璃厂旧书店的店员和别处不同，不仅格外和气，而且大都带些书卷气。有的是颇有学问的人物，他们经眼的书多，有比较有鉴别，不愧是我的老师。三是看顾客。在中国书店常能遇到一些书迷，他们穿戴并不讲究，甚至有点寒酸，但是买书很舍得花钱。有的顾客进了书店，眼中便只有书，一点也不知道疲倦。还有一类顾客，似乎是在查阅资料，拿着一本书一页一页地翻看。在中国书店还能见到一些著名学者，那神气和派头，言谈举止之间自然地流露出学问。有一次我去琉璃厂的中国书店，正赶上善本书的展览，许多善本打开来放在玻璃柜子里，书中间夹着纸签，上面写着已被某某订购，那都是些学术界的知名人物，如郑振铎先生。虽然没有在那里遇到过郑先生，但是好像是见到他一样，心想这些书到了郑先生那里真算是找到了最好的归宿。

当初我身强力壮的时候，常常约几位同好一起骑自行车去琉璃厂或者别处的旧书店。我给自己定了一个规矩：进了这些书店的门就不能空着手出来。钱要花到书上，午饭就只能将就一点了。和平门旁边有一个小胡同，里边有卖小米粥和锅贴的小饭店，非常便宜，那就成了我们常常光顾的地方。同伴中程郁缀教授是苏北人，他们家乡有句谚语："出门一根绳，遇事不求人。"遇到买书多的时候，他就帮我把书紧紧地捆在自行车的后架上，带回家再一本一本上架。

可惜的是，随着古旧书业的凋零，北京的旧书店越来越少，店里的书也越来越成了稀罕物，店员的面孔也越来越冷淡了，于是逛书店的兴趣也就越来越淡了。近年来古旧书进入拍卖会，看那拍卖品的目录，动辄上千上万，更不是我辈工薪族所敢问津的了。而琉璃厂的店铺倒是翻修一新，让人怀疑这究竟是不是一条旧街。有一次，我走在琉璃厂的街上，遇到一位外国的女士，金发碧眼的中年人。她拦住我轻声地问道："这里是琉璃厂吗？"我说："正是。"她纳闷地自语道："怎么房子这样新呢？"我真不知怎样回答她才好，不由得更加怀念原先那些旧房子里的充实的书籍以及和气的店员。

又是杨花飞舞时

一冬无雪，过了清明，杨花便飞舞起来，似欲弥补无雪的缺憾。那轻盈的、雪白的花絮，自由地飞翔着，东家、西家，房前、房后，淘气地扑面而来，有的沾上衣襟，惹我拂拭一番；有的爬上头顶，唯恐我的头发白得不够。更有甚者，连招呼也不打，便任意钻进窗户，飘进家里。自春来开了不少花，迎春花默默地提前报到，玉兰花静静地绽开白的、紫的、绿的花朵；丁香花无言，只是以她的芳香沁人心脾；榆叶梅的脾气算是热闹的了，一朵挨着一朵秀她的美丽，但也只是停留在枝头上。唯有这杨花不安分，虽没有翅膀，但会飞；不香也不艳，但你不想理她不行，所以还是赢得了不少古人吟咏她的佳句。

我想到隋代无名氏《送别》：“杨柳青青着地垂，杨花漫漫搅天飞。柳条折尽花飞尽，借问行人归不归？”那个“搅天飞”的“搅”字用得好，杨花不但搅人而且搅天，把杨花的调皮劲儿写得活灵活现。李白的《金陵酒肆留别》前四句：“风吹柳花满店香，吴姬压酒唤客尝。金陵子弟来相送，欲行不行各尽觞。”这酒店里究竟是柳花香呢还是酒香呢，似乎都可以，柳花本是不香的，但在诗人笔下不妨让她香起来。唐人李益《汴河曲》："汴水东流无限春，隋家宫阙已成尘。行人莫上长堤望，风起杨花愁杀人。"看来当时汴水长堤是栽满杨柳的，那又是南北的通道，送别的地方，杨花飞舞增添了别情。宋人周邦彦《兰陵王》有句曰："柳阴直。烟里丝丝弄碧。隋堤上，曾见几番，拂水飘绵送行色。"也是写同样的情景。我还想到唐人韩翃《寒食日即事》："春城无处不飞花，寒食东风御柳斜。日暮汉宫传蜡烛，轻烟散入五侯家。"又想到韩偓的《乱后春日途经野塘》："船冲水鸟飞还住，袖拂杨花去却来。"都是写杨花的佳什。

然而以上这些都不算最好的诗，要说写杨花还得看苏东坡的《水龙吟·次韵章质夫杨花词》：

> 似花还似非花，也无人惜从教坠。抛家傍路，思量却是，无情有思。萦损柔肠，困酣娇眼，欲开还闭。梦随风万里，寻郎去处，又还被、莺呼起。
>
> 不恨此花飞尽，恨西园、落红难缀。晓来雨过，遗踪何在？一池萍碎。春色三分，二分尘土，一分流水。细看来、不是杨花，点点是、离人泪。

古代有杨花入水化为浮萍的说法，苏东坡引用了这个典故，问道杨花的遗踪何在，已化为那一池浮萍，但这是碎的浮萍。他接着说春色已化为尘土和流水，而且可以用数字来计算。而那杨花却也不是杨花，是一滴滴的离人泪。词意几经曲折，最后归结到人的离愁别绪上，从而结束了全词。

杨花飞絮给古人添了几多诗趣，然而近年来杨花的诗意却减弱了，它给现代生活惹的麻烦突显出来，如火患等，于是有种种让杨树不再飞花的建议。时代在变迁，人的观念也在变化。这些现实问题应当解决。但希望杨花带给古人的那点诗意能够保留下来，至少在记忆里。

赤门与银杏

赤门与银杏是东京大学的两个标志，犹如北京大学的湖光塔影。

赤门是东大的一座校门，江户时代的遗物，被指定为国宝。常常有观光汽车停在门口，证明着它对旅游者的吸引力。名曰赤门，当然是赤色的了。木制的门扉、门框、门柱，都涂了赤，只有瓦顶是一片灰色。形状跟北大的西门相仿，不过漆色较暗，略带一点褐，不加绘饰，也没有守门的石狮子，看上去相当朴素。我在东大任教的一年中间，进进出出，不知穿过赤门多少次，每次总会想起北大的西门，连带着也想起北大的生活和北大的师友学生。有时因为想念北大，便故意绕道从赤门进出，并在想象中把它当作北大的西门。于是，片刻间仿佛又回到了北大似的。赤门，竟然那么容易触动一个游子的乡情!

再就是银杏了。银杏又名公孙树。叶有长柄，扇形。东大校园里多的是这种乔木，正门内有一条林荫大道，两旁种的就是它。春天一片新绿，叶子像翡翠似的闪亮。夏天浓荫蔽日，给行人搭起凉棚。秋天也许是最美的。先是一树树黄叶挂在枝上欲落不落，抬头望去，天空似乎也染上了几分黄色。大约一个星期过后，黄叶便开始悄然飘落，偶尔落在你的肩头你还不觉得。再过几天则已黄叶满地，踏上去松松的、软软的，还有沙沙的声响伴着你的步履，催你计算今年还剩下多少时光，应该如何利用。春是一色的绿，夏是一律的荫，秋却有这几层的变化，所以我觉得好。到了连落叶也已扫净的时候，冬天就来临了。原来被树叶压得有点弯曲的枝条，一根根挺直起来直插寒空。这时，我心里有的是期待，期待开岁发春，重睹春天的绿色，而且心中不免暗想：明年银杏一绿，我就可以回国了！

银杏路东侧文学部大楼里有我的研究室，西侧法文一号楼里有我的教室，所以那条林荫路是我每次上课的必经之路。东大的课程分两类：讲义和演习，各有各的教室。讲义课由教师讲，学生只管听，和我们国内没有什么两样。所不同的是讲坛上备有一把椅子，教师可以坐下来，以减轻两腿的疲劳。研究院的课大都采用演习的方式，本科生也有一部分演习课。由学生轮流报告自己的研究成果，别人提问，报告人答疑，最后由教师总结。报告人答不出或答不圆满的问题，教师也须随时代他解答或做补充。教室的布置像会议室，轮到谁报告，谁就主动地坐在黑板前主席的位子上，把复印的提纲散发给大家，然后就开始他的报告。因为学生有机会各抒己见，所以课堂上比较活跃。日本学生有一股打破砂锅问到底的“傻劲儿”，遇到问题非弄个水落石出不可，所以我上课时也得严阵以待。而师生的情谊就在问难答辩之中建立了起来。我一个人远在异邦，难免感到孤独，每周的演习课便是一种有效的精神调节。课堂上那种气氛使我兴奋；看到我教的日本学生渐渐能用比较流利的汉语讨论学术问题，则又感到快慰。每次课后，当学生们陪我走出教室，大家在银杏树下分手，互相道一声“萨摇娜拉”的时候，总有一种舒畅之感，走回公寓的脚步也不知不觉轻松了许多。

提起银杏，还有一段诗话可讲。1982年5月，我到东大的第二个月，中哲文学会请我演讲，事后在学士会馆分馆晚宴。分馆的地点在东大校内，赤门东侧。席间，气氛十分融洽。我有感于日本学者的盛情，便乘着酒兴仿照日本的俳句，作了一首汉俳：

银杏扶疏处，
试问旨酒与友谊，
何者更醉人？

俳句的写法，三句十七个音节，五七五；不押韵；要用季语（表示季节的词）。这首汉俳只能说得其仿佛，“银杏扶疏”固然可以表示夏季，但不符合写作俳句惯用的词语。日本的俳句追求的是澹远的意境，如一杯淡茶，一缕轻烟。而我的还是浓了些、密了些、硬了些，所以不地道。诗是临时作了写在餐巾纸上的，写过也就忘了。东大中文系主任伊藤漱平教授却将这张餐巾纸收进衣袋，带了回去。没想到他竟作了一首倭歌，用毛笔写在色纸（一种裱好的书画笺纸）上，几天以后拿来酬赠我。诗是这样写的：

公孙树并めて结ひたろ友垣の
常磐にとこそ酒祝ひおれ

后来他又提议把我们两人写的诗写在同一张色纸上，前半写我的，后半写他的，一式两份分别留作纪念。等他把重新写好的色纸拿来时，我看到那上面还附有他那首倭歌的汉译：

校园里有两排枝叶扶疏的
肩并肩的公孙树。
我们的友谊好比他们的
根柢一样十分深固。
来，斟酒干一杯，为了预祝
我们的友谊永久巩固。

这张色纸一直摆在我东京寓所的客厅里，成为中日两国人民友好的一个小小的纪念品。

我的汉俳原来没有题目，现在姑且为它拟一个，就叫《银杏》。

（原载于《北京大学校刊》1984年9月24日）

樱　花

1982年4月6日，我刚踏上日本的土地，便随主人乘车由成田机场来到上野。行李往车站一存，登上一段石级，就是以樱花著称的上野公园。我正奇怪为什么不先去下榻的饭店，周到的主人说道：

“今年樱花开得早，晚来怕看不到了！”

是啊，此时已是落英缤纷。樱树像卸了妆的少女，在细雨中默立着，时间已近黄昏，游人渐渐散去，出售各种小吃和乡土玩具的小贩也准备收摊了。一种兴阑意尽的气氛弥漫开来，和逐渐暗淡的光线融合在一起——我有点失望了。忽然，一角背阴的地方，几株迟开的樱花仍然怒放着。千枝万朵，密密匝匝，真像是青帝布下的花阵，让我迷惘；又像一杯清酒，让我陶醉。然而，这毕竟不能算是赏了樱花。

光阴荏苒，日居月诸。等赏了岚山的红叶，又赏了茨城的梅花之后，屈指一算，快到回国的日子了。我惦记着樱花，如果无缘一睹盛妆的她，便匆匆离去，会有多少遗憾！第二年一交春分，我便忍不住隔一天去一次上野，沿着公园的樱花路寻觅她的消息。眼看着像小米粒似的花骨朵渐渐饱满、绽开，心里充满喜悦。终于，又是4月6日，在上野公园领略了花事最盛的景象。我不知怎样形容才好，只觉得那是一片云，一片流动的飘忽的云，一片白中透红的云，一片泛着清香的云，一片载着欢歌笑语的云。当我走入花丛，自己也化作了云。

若论樱花的好，我看全在三个字：繁、淡、暂。她毫不矜持自己的美，全部贡献出来，所以才开得那样繁。她的色和香都很淡，既无炫耀之意，也无祈誉之心，对人们奉上的赞美淡然处之。她开花的时间短暂，就六七天，开过便悄然飘落，任瓣儿像雪片似的洒在路边。我没研究过日本人为什么喜欢樱花，只是想，一个如此痴迷于樱花的民族，一定有其历史的、社会的和心理的原因。

4月11日，回国的前一天，两位朋友陪我又一次来到上野。樱花始谢，别有一种风姿。树上是花，地上是花。在树下伫立一会儿，身上也落了花，真所谓“拂了一身还满”。公园没有围墙，四周林立的高楼，衬托着园内的樱花，使人越发珍爱这尘嚣中的自然风光。我们徘徊在不忍池畔，默默的。一想到就要离开这樱花之国，总有些依依不舍，这天拍了很多照，可惜装错了胶卷，什么也没印上。但印在我心上的照片是那么清晰、明亮！我盼望有一天，能用心上的照片和真实的上野樱花互相印证，并再次领略樱花的美。

（原载于《北京大学校刊》1985年4月3日）

东京印象

东京的生活像拉紧的弦，总是绷着劲儿。街上的行人来去匆匆，熟人相遇，只一欠身，便摩肩而过。停下来施礼寒暄的，多半是老年妇女。东京站口，每隔几分钟便有一股人流涌出，一眨眼已散向四面八方，消逝不见了。涩谷的交叉路口，随着红绿灯的交替，有节奏地涌过一群又一群人，如同潮水的涨落起伏。帮助顾客挑选商品的店员，收了货款几乎是小跑着奔向柜台，又小跑着把零头找给顾客。理发师麻利轻捷，简直没有什么多余的动作。家里的电器坏了，一个电话打到售货的商店，很快就有人来修理。来了就动手，修完就告辞。我请他先喝杯茶休息一会儿，他竟感到诧异。学术会议上的发言没有客套，开门见山，直截了当，一二十分钟就完。我的朋友折敷濑兴教授编纂的《日中辞典》，元旦刚看校样，三月已经出书。另一位朋友中岛敏夫教授译注李攀龙的《唐诗选》，六七月间还在查找资料，年底已经出版。东京的生活让人兴奋，想闲也闲不住，想慢也慢不下来，周围的气氛使人身不由己地加快了自己的节奏。

我到东京大学讲陶渊明，原先颇有些顾虑。这位一千五百年以前的田园诗人，能在今天的日本这样高度工业化的国家里得到知音吗？

陶诗里所写的那种“狗吠深巷中，鸡鸣桑树颠”的田园景物，和霓虹灯下熙熙攘攘的东京不是相去太远了吗？可是，渐渐地我知道了，这种顾虑没有必要。这里的生活虽然繁忙紧张，但是许多人的心里仍然向往着宁静的绿色。他们越是离开了大自然，就越想亲近大自然。春的观樱，秋的赏枫，夏的登山，冬的滑雪，这些且不说。单是家家户户的莳花植木、庭院布置，就让人感到他们对大自然有一种向心力。我住在文京区，这里春夏之交到处是杜鹃花，街上一丛丛的，挂着小小的木牌，写上负责培护者的姓名。据说，杜鹃还是文京区的区花呢！我回国以后，东大的平山久雄教授托人带来他在自家院子里种的丝瓜瓤儿，并附了一张瓜架的照片。照片上一根根碧绿颀长的丝瓜垂挂着，像许多感叹号组成的诗。这样的礼物朴素淳厚，依然是古老的田家风趣。

我赞赏东京的高效率，也赞赏高效率中的这点古风与雅兴。

（原载于《北京大学校刊》1985年5月29日）

奈良的鹿

奈良是鹿的天堂。据说那里的鹿约有千头之多，自由地徜徉于公园、寺庙、街头、巷尾，颇有些潇洒和闲适的风度。当地人说，古时候奈良有一条法律：杀鹿者偿命。居民一天中第一件事就是看看自己家门前有没有死鹿。如果有，就赶快拖到邻居家门外。所以奈良人起床的时间越来越早。这故事当然不能全信，可能还有奈良人的幽默。不过，鹿在这儿受到的宠爱与尊敬，却是千真万确的。

奈良街上卖一种饼，是专为鹿准备的。买几个饼拿在手里一招，鹿就会慢慢走过来。可以一边喂它，一边抚摸它的脖颈，和它亲近一会儿。但它并不因此而改变其潇洒的态度，只管大大方方地享用它的美餐，似乎是接受贡献一样。

东大寺的鹿给我留下深刻的印象。这里是华严宗大本山，它的大佛和佛殿名闻遐迩，到奈良旅游的人没有不来随喜的。我们参观东大寺那天，寺里倒是很清静。南大门外的甬道上，一只鹿默默地注视着我们。它那对浑圆的大眼睛，明亮柔和，充满友情。当年老舍先生游日，曾写过一首题为《奈良东大寺》的绝句，诗曰："佛光塔影净无尘，几点樱花迎早春。踏遍松阴何忍去，依依小鹿送游人。"小鹿依依，原不止感动我一个人啊！

若草山头的鹿显得更自由、更活泼，日语的“若草”是幼草的意思。每年1月15日夜，在野上神社举行祭典，同时放一把火将整座山烧成一片火海。不久，“春入烧痕青”，山上又长出一茬幼草，幼草是鹿的佳肴，那些不甘于嗟来之食的鹿，尽可到这儿来恢复自己的野性，那些不惯于廛市之喧嚣的鹿，尽可到这儿来聆听大自然的呼吸。我以前也曾经见过鹿，那是关在动物园鹿圈里的。周围的栏杆和撒在地上的饲料，使我觉得那是一群可怜的畜生。真正的鹿在若草山才第一次见到。棕色的鹿群和蓝天、白云、青草，构成一幅和谐的图画。呦呦的鹿鸣，与风的低语、虫的唧唧，合成一支悦耳的歌曲。沉浸其中，真可以脱俗了。

至今，一提起奈良我就想到鹿，一看到鹿我就想起奈良。奈良人喜欢把鹿作为城市的标志，画成各种图案。鹿毛可以制笔，我买了一支鹿笔，不太好用，那不过是旅游纪念品而已，上等的鹿毫当然是好用的。鹿，的确为奈良增添了魅力！

（原载于《东方世界》1986年第6期）

诗的京都

京都多的是庙，多的是雨。“南朝四百八十寺，多少楼台烟雨中”，借用这两句诗形容她，再恰切不过了。也可以说，京都的魅力就在于她的诗意。和东京相比吧，这里只多那么一点悠闲、几分古雅、少许细腻，就让人觉得随处可以捡到诗。如果走在小巷里，路旁的木板房里传出古琴的悠扬乐音，伴着路上木屐的嗒嗒，还会勾起思古之幽情。京都的一切都显得软，就连这儿的口音也带着柔软旖旎。所以住在东京的人都喜欢到京都去玩几天，让绷紧的神经稍微松弛一下。

京都有一堂一寺两个去处诗意最浓。这就是诗仙堂和天龙寺。

诗仙堂位于京都东北，比叡山下，原是石川丈山（1583—1672）晚年栖隐之地。诗仙堂之得名，是由于壁上绘有中国古代三十六位诗人的肖像，并写有他们每人一首诗。左右两侧各十八人，互相对称。左侧苏轼居首，右侧陶潜居首。诗是石川丈山亲笔用隶书写的，论书法虽不算上乘，却也不俗。

然而诗仙堂的诗意主要不是由这些掌故点缀而成。它的园林才更是诗意盎然。颐和园有寻诗径，诗仙堂可以寻诗的地方也不少。篱门石径、茅顶修椽，颇有田家的野趣。小斋数间，花木一庭，最宜静观。小有洞、老梅关、猎芸巢、百花坞，流连在这些地方，使人想起王维的辋川别业。静坐残月轩，面对满庭嘉树，衣裳都像要染绿了。而啸月楼敞开的窗子，框出庭院的松竹，从楼里望出去简直会把真景当成绘画。还有那遍地的青苔，叮咚的泉水，一处处都蕴着诗。

天龙寺在岚山脚下，殿堂僧舍的建筑固然别致，周围的园林更见匠心。这里的好处全在借了岚山的景，把一座并不太大的庙宇的空间无限地展开了去。我是秋天去的，岚山枫叶红到了十分，间有斑斑驳驳的绿色和黄色，衬着近处的佛殿，热烈与冷寂，活泼与凝重，和谐地统一在一起。

诗仙堂和天龙寺是诗的京都中最有诗意的地方，就好比一首诗中的两句警策。

（原载于《东方世界》1986年第6期）

仙台行

中国人知道仙台，大概和鲁迅先生有些关系。那是他留学日本时住过的地方。他那篇著名的散文《藤野先生》就是回忆仙台生活的。当我接到东北大学中文系主任志村良治教授的邀请去仙台演讲时，当然也就想趁此机会访问一下鲁迅先生的遗迹。

1982年7月26日，连接东京和仙台的东北新干线通车不久，我就乘这条新干线奔赴仙台了。其实，东北新干线的起点并不是东京，而是大宫。旅客从东京的上野站出发，先乘普通列车到大宫，然后再转新干线。新干线的列车像一条鲸鱼，走进车厢颇有钻入鱼腹之感，里边倒是十分宽敞明亮。志村先生为我订了左侧靠窗的座位，窗外淅淅沥沥下着小雨，在一片迷茫之中，田野、房屋飞也似的退向后去。只有远处的山峦似乎随着列车缓缓向前移动，但不久也消失了。如果略去铁道两旁的楼房以及高悬在楼房上的五颜六色的广告，单看那高高低低的丘陵、竹木、农田，那股秀丽劲儿，简直让你觉得又回到了我国的浙江。生活在日本的中国人，一到东京的新宿，马上觉得自己是一个异乡人。但若到古老的庭园去闲步，到寺院去参观，或到山间去旅行，那山姿水态，建筑风格，园林趣味，再加上处处可见的用汉字写的匾额，中国人是不会感到陌生的。难怪鲁迅晚年病笃时，医生劝他到欧洲疗养，他不肯，却表示宁可到日本。异中见同，同中见异，时时处处有供人比较的实例，这也许是日本的山水让中国人喜爱的一个原因。

沉思中不知不觉已经到了仙台。志村先生、东北大学的中文教师华侨赵迺桂先生和助教门胁先生已经在月台上等候。在车站地下餐厅用过午饭，离下午演讲还有一段时间，我们便驱车去访问鲁迅先生的故居。

鲁迅故居佐藤原屋原是一所公寓，地处片平町五十二番，现在的米袋一丁目一之一一。它坐落在鲁迅先生求学的仙台医学专门学校正门前不远的地方，街对面有一座监狱。所以公寓除供应住客的伙食外，便也兼办囚人的饭食。这是一座二层的小楼，木板为壁，经过多年的日晒雨淋已变成暗褐色。据说原来连房顶也是木板铺成的，但现在已经换成瓦了。屋前立一石碑，上镌“鲁迅故居迹”五个大字，出自郭沫若的手笔，旁边刻有四行小字，是一段不懂日文的中国人也能猜懂的日文：

中国の伟大な革命家、思想家、文学者であろ鲁迅（1881—1936）は若き日（1904—1906）を仙台に学び最初の下宿をこの地に定めた

1975.10.19

仙台・鲁迅先生显彰会建之

志村先生非常熟悉鲁迅，并且热爱鲁迅。他像介绍自己的朋友一样，指着楼上临街的玻璃窗含笑说道：

“鲁迅先生当年就住在那间房子里，那就是他的窗子。”我顺着他指的方向抬头望去，明亮的小窗嵌在灰暗的板壁之间，虽然简陋，但因是鲁迅先生住过的地方，我仍觉得颇有兴味。想当年鲁迅先生大概常常隐几凭窗，俯瞰着街上稀稀落落的行人在沉思默想吧。

佐藤屋原属佐藤喜东治，现已易主，屋主名竹中正雄。志村先生叩门，女主人出来迎接我们，并引我们进了后院。这才看到，房屋建在广濑川畔的一座平冈上，广濑川从后面环抱着它。夏水滭弗，湍流直泻，声且喧潨。一株大树的浓密枝叶几乎覆盖了半个庭院。站在树下可以远眺广濑川的对岸，右边有青叶城址；正面一带高冈长满茂密的树木；左边矗立着两座高山，山上庙宇的红墙特别醒目。

辞别了鲁迅故居，接着就去参观藤野先生上课的教室。仙台医专就是现在东北大学医学部的前身，医专的一部分旧房屋还保留着，也仍属东北大学。那是一间阶梯教室，叫四号阶梯教室。平房，里边有十几排座位。据说上课的座位大致是固定的，鲁迅先生坐在第二排或第三排的中间。《藤野先生》这篇文章描写藤野先生上第一课的情形说：

> 其时进来的是一个黑瘦的先生，八字须，戴着眼镜，挟着一叠大大小小的书。一将书放在讲台上，便用了缓慢而很有顿挫的声调，向学生介绍自己道：
>
> “我就是叫作藤野严九郎的……”

我们在鲁迅先生当年的座位上坐了片刻，身临其境，当年课堂的气氛仿佛也可以感受到些许。

鲁迅之碑建于广濑川畔青叶山麓，是我们寻访的第三个地方。我在日本所见的碑石大都保持石头原来的形状，不加雕琢。这鲁迅之碑却是用一块青石雕成的，高四点二米，上端呈矛形，象征鲁迅先生的精神。碑的上部是鲁迅先生的半身浮雕像，右手夹着一根香烟，陷入沉思之中。中部横排着郭沫若先生题的“鲁迅之碑”四字。下部竖排着一段用日文写的碑文。碑建于1960年秋，许广平女士特来参加了揭幕式。

这座碑的建立，不仅是对鲁迅先生的纪念，也是中日两国人民友谊的证明。鲁迅先生直到死前还没有忘记他的日本老师藤野先生，曾向增田涉先生打听他的下落；日本人民也永远纪念着鲁迅先生。目前，在日本研究鲁迅几乎成为一门显学。《鲁迅全集》原来就有日文译本，新注本在中国出版不久，日本的汉学家们又开始着手翻译了。鲁迅先生在仙台前后仅三年，日本学者做了大量的调查研究，“鲁迅在仙台的记录调查会”编写了一部内容翔实的巨著《鲁迅在仙台的记录》，于1978年2月由平凡社出版。东北大学的阿部兼也教授为此花费了许多精力。仙台的汉学家们对鲁迅先生的敬仰恐怕是不亚于中国人的。

当晚我下榻于青叶大道的华盛顿酒店。睡前独坐在休息厅里，听着人工泉水叮叮咚咚的乐音，回想在仙台度过的愉快而有意义的一天，不禁吟了一首七绝：

风驰电掣走雷霆，
转瞬车飞青叶城。
广濑晴川环抱处，
故居依旧小窗明。

仙台是难忘的！不仅因为那里有鲁迅的遗迹，还因为那里有许多真诚的朋友，他们和我一样热爱鲁迅，和我一样珍视中日两国人民的友谊。

（原载于《北京大学校刊》1984年10月8日）

黄　昏

黄昏仿佛是专为供人沉思的。书上的字迹渐渐模糊了，抬头向窗外望去，落日的余晖散射在天幕上，宛如罩上了薄纱。开灯还嫌早，索性掩卷闭目，在沉思中打发这白昼和黑夜交界的时分。

不知怎的就想到了我在东京的住所。那是一套和式的公寓，几个房间用纸门隔开，榻榻米散发出淡淡的草香，家具却是西式的。在东京的一年，度过了三百多个黄昏，近半是在沉思中消磨的，就坐在客厅的沙发上。周围并不喧闹，也不岑寂。有时从附近的棒球场上传来啦啦队的喊声，那三三七的节奏整齐分明，持续不断，证明着日本人对棒球的狂热。有时从长街传来石烧白薯的叫卖声，拖着长长的尾音，划破薄暮的寂静。那声音是从一台录音机里发出来的，由远渐近，又由近渐远，我知道卖薯老人的那辆三轮小卡车从我门前缓缓驶去了。这些异乡的声音，这种异乡的情调，似乎永远也品味不尽。

黄昏的沉思没有主题，也没有范围，历史、哲学、人生、艺术、中国、外国，自由极了。当然，想得多的还是我的小女儿。我给她念《渔夫和金鱼的故事》，念完就扮演，我扮渔夫，她扮金鱼，还硬派给妈妈一个老太婆的角色。有几次想到了静希师的书房，我们坐在窗下谈诗，他右手夹着一支香烟，胳膊竖起在圈椅的扶手上，似乎随时准备吸上一口，却总不见吸。青烟从指间袅袅上升，直到燃尽。

也并非总是往日的回忆。现实的印象纷至沓来，逼我去分解、组合、升华、凝结，将它们化为理智和力量。

有一天我去一家书店闲逛。进门后和女店主打了个招呼，彼此都没在意。买书付款时寒暄了两句，遂各取出名片交换。当她从名片上知道我是中国教师以后，肃然起敬，连连鞠躬，不住地喊："先生！先生！"在日语里，"先生"是老师的意思，是很尊敬的称呼。当天黄昏，我坐在沙发上，这情景又浮现出来引我沉思。日本有尊重知识、尊重知识分子的风气——我这样想。做一个中国人值得自豪——我又这样想。

有一天朋友陪我去上野东京国立博物馆参观画展。那是美国两大美术馆收藏的中国画的特别展，共二百八十一件。展品丰富精美，轰动了日本文化界。纳尔逊美术馆所藏传为李成的《晴峦萧寺图》、许道宁的《秋江渔艇图卷》、马远的《西园雅集图卷》，克莱温兰德美术馆所藏米友仁的《云山图卷》，都是稀世之宝。其他如盛懋、吕文英、沈周、周臣、仇英、董其昌、龚贤等人的作品，就不胜枚举了。我流连在宽敞的展览厅里，揣摩画上的笔意墨气，体察画家的人品志趣，连题跋印章也不肯放过。傍晚回到寓所，又陷入沉思之中。从1840到1949这一百年间，中国积贫积弱，有多少国宝流落海外！如果它们也有记忆，也会说话，都站起来诉说自己的身世，其中会有多少辛酸！参观画展的时候，日本朋友一再安慰我："袁先生看这样的画展，一定有些难过吧？日本在战后的几年里，也有许多文物流落到美国和欧洲。我们想起来也觉得可惜。国家贫穷软弱，文物就会散失啊！"这番话使我忽然觉得他和我靠近了。我们的国籍不同，爱国的感情却是相通的。祖国，不是抽象的概念。这两个字意味着九百六十万平方公里的土地、五千年的文明历史和十亿同胞。对一个爱好书法的人来说，意味着王羲之、颜真卿；对一个爱好绘画的人来说，意味着马远、夏圭。一句乡音的问候，一声锣鼓的敲击，一个熊猫的图案，一次女排的胜利，一副大红纸上的春联，一串响声震天的鞭炮，这，都是祖国。身在祖国，这些习以为常的事物不曾引起感情的激动。身在异邦，它们就变得格外亲切而富有魅力了。

国外的生活，就这样每天给我以新的印象、新的刺激，使我这个懒于思考的人不得不思考许多人生的道理。而黄昏，不就是整理思绪的最好时刻吗？

（原载于《北京大学校刊》1984年12月11日）

新罕布什尔道上

1997年10月，波士顿大学的白谦慎博士驱车带我访问翁万戈先生。翁先生住在新罕布什尔州他自己设计的一座别墅里，从哈佛大学所在的坎布里奇出发，沿高速公路向西北驶去，大约六个小时的行程。

那天碧空如洗，阳光灿烂。高速公路两旁人烟稀少，大片的丘陵上高高低低地布满了森林和草地。有些树木还保持着夏日的浓绿，有些树木则已染上了秋色，黄了，或者红了。公路旁边的风景，如同一幅长卷渐渐打开，每一个片段，每一个细节，笔墨、色彩虽不尽相同，但都统一在秋光之中。这大片未开发的处女地，蕴涵着原始的美，却又不失其秀丽。我想象在唐朝浙东的风景，大概也是如此吧。难怪那么多诗人都到那里去寻觅诗料，而且写出许多绚烂的诗句，那位到处漫游的李白就不必说了，就连隐居在湖北的孟浩然也有一次浙东之游，写了《宿天台桐柏观》《宿建德江》这样的名作。这样想着想着，也便有四句诗随口而出了：

两厢红叶涌如潮，让我通衢入碧霄。
采得秋光添逸兴，高歌一曲伴清飙。

午后抵达马萨诸塞州和新罕布什尔州的交界处，那里有一处加油站，附带卖些杂货零食，这都不稀罕。只是有一间规模相当大的专卖各种酒的商店，挤满了顾客。原来新罕布什尔州不征收酒税，酒的价格特别便宜，所以马萨诸塞州的居民纷纷到这里买了酒，装车运回家去。可是马萨诸塞州的衣服免税，却没见这里有服装店，供新罕布什尔州的居民来购买。

就这样一路欣赏着秋色，在下午四点半钟左右我们终于抵达了翁万戈先生的别墅莱溪居。这别墅坐落在一带小山之麓，前面横一道小溪，溪水清澈见底。周围不过三五人家，只有一条路通向外边，真是一个隐居的好去处。翁先生已经年近八旬，但看上去像是五十多岁的人，虽然在美国住了多年，却完全是华人的气派。我们进得门来，寒暄过后，他先不让座，说要趁天尚未黑之际带我们参观别墅周围的环境。他带我们爬上屋后的小山坡，山坡刚刚剪过草，踏上去松松的、软软的。太阳快要落山了，阳光分外柔和，这别墅以及周围的景色笼罩在一片温暖的色调之中，远离城市的喧嚣，静谧闲适。

参观以后我们回到翁先生的客厅里，他的夫人亲自沏茶接待我们。这客厅面积不很大，但因为屋顶装的是玻璃，借了自然的风景，觉得那蓝天、白云、山坡、树木都落到了座前，更多了一层亲近自然的感觉。这时，翁先生从他家的另一处地方，一趟又一趟，抱了一函又一函的线装书来供我浏览，竟都是宋元善本！我虽然听说他是大藏书家翁同龢的后人，收藏甚丰，但是绝没想到收藏如此之精，而且如此慷慨地与一个陌生人分享他的快乐。当我见到宋刻赵蕤的《长短经》时，当我见到宋刻许浑的《丁卯集》时，当我看到宋刻《集韵》时，都感到是一种眼福。

翁氏所收藏的宋刻《施顾注苏诗》三十二卷，又目录一卷，弥足珍贵。此书原系清怡王府安乐堂旧藏，咸同间怡王府藏书散出，为翁同龢购得，一直传到翁万戈先生手中。我曾购得台湾艺文印书馆1980年影印本，此书乃严一萍先生根据翁氏所藏影印出版的。卷首有翁万戈先生所写影印此书的缘起，还有严一萍先生所写的说明。所谓施顾乃宋人施元之、施宿父子，及顾禧三人，他们合注的苏轼诗四十二卷，是很有名的一个注本。清初以来，传世者一为钱氏绛云楼藏本，一为毛氏汲古阁藏残本，都已毁于火灾。后者仅剩断烂小册，归中国台北。此外还有缪荃孙艺风堂所藏残帙四卷，以及海源阁所藏《和陶诗》两卷。翁氏所藏虽非完帙，却是保存卷数最多的。此书精雅整秀，楮墨明净，在宋刊中的属上乘。这样一件稀世珍宝，竟然在美国翁氏后人手中完好地收藏着，真要感谢翁万戈先生的。从报上得知，2000年4月翁万戈先生已将其收藏的十一种宋刻本转让给上海图书馆。此举得到学术界广泛的关注，我愿以“文姬归汉”比喻之。

在观赏翁氏藏书之际，时有橡子落下来，打在玻璃顶上叮当作响。如同一声声石磬，又如一拨一拨的古筝，为我们的谈话作着伴奏。

不知不觉已经晚八点多钟了，翁先生开车带我们到附近的一家中餐馆用晚餐，说是附近也足足走了半个小时。晚餐过后，翁先生觉得我们再赶回哈佛已经太晚，便请我们住在他家。我和白谦慎博士各住一间客房，睡下时已经快午夜了。我原没准备在外面过夜，没带每晚必服的舒乐安定，但沉浸在一路上美景的回忆之中，陶醉于那些善本的书香之中，很快就安睡了。

第二天早饭后，翁先生带我们参观了他的书房。他特地取出《勺园祓禊图》让我观赏，此图是勺园主人米万锺请著名画家吴彬所绘。北大图书馆藏有米万锺自己仿绘的《勺园修禊图》。两相比较，翁氏所藏图中“风烟里”三字已被擦去，我们讨论了一会儿，不知何故。

他对陈洪绶研究有素，他的书房里堆放着许多有关书画的书籍和图册。我知道他收藏有陈洪绶的博古叶子，便向他请教其中关于陶渊明的一幅木刻，他答应日后将此图复印寄给我。

他要我在他的签名簿上签名，我看到上面已经有许多中外的人士签了名，也有题诗的。遂也题了一首诗：

驱车来画里，云淡鸟声闲。
何处秋光好？翁家醉满山。

翁夫人怕我们回去的途中饥饿，便为我们准备了饼干、矿泉水，大包小包的带到车上。回到哈佛不久，便收到翁先生寄来的陈洪绶所绘陶渊明“空汤瓶”的复印件；还饶了一张杜甫的像，上面题了杜甫的两句诗“囊中恐羞涩，留得一钱看”，都是博古叶子中的。还有《艺苑掇英》第34期，这是翁万戈先生珍藏书画专辑。其中如宋梁楷《黄庭经神像图卷》《灵飞经》四十三行本，都堪称国宝。

翁先生题赠的这本《艺苑掇英》，签名下所署日期是1997年10月12日，由此推算，我们造访翁先生大概是当年10月4日星期六。

（2007年2月22日岁在丁丑正月初五夜爆竹声中补记）

2010年，九十二岁高龄的翁万戈先生从美国回到北京，将他收藏的《勺园祓禊图》捐赠北大图书馆。笔者又见到翁先生，并参加了捐赠仪式，在仪式上讲了话。去年白谦慎教授告知，翁先生依旧健壮如初，可喜！

（2017年又补记）

玉门关散记

今年暑假我参加中华救济总会、中国市长协会等机构主办的助学活动，到甘肃东乡族自治县帮助失学儿童。顺便参观了敦煌莫高窟、嘉峪关、玉门关、拉卜楞寺等古迹，同时饱览了大戈壁和黄土高原的风光，每到一处都想起许多有关的历史人物和文学作品。

玉门关给我留下深刻的印象。那天下午从嘉峪关出发，穿越沙漠向西北行进。路上偶尔看到远处隐隐约约似乎有浩瀚的水面，那水面在夏日的骄阳下反射出一片迷迷蒙蒙的光，上接苍穹。当地的同志告诉我们那是沙漠上特有的海市蜃楼，以前不少人途径这片沙漠时，见到这景象便奔去寻找，以至于迷失了道路，干渴丧命。我们沿着在沙漠中的公路和清楚的路标，乘汽车两小时后便看到一座关隘，那就是已有两千多年历史的玉门关了。

玉门关是西汉玉门都尉和东汉玉门障尉的治所，关垣是用黄土夯成的，南北、东西各长二十多米，呈方形。北面和西面原有两座关门，现在只剩下门洞了。烈日炎炎，天空湛蓝，连一片云也没有。进入关内，只见西垣的阴影铺在地上，形成强烈的明暗反差。

从玉门关西北行大约三公里，可以见到一段汉长城遗址。墙用芦苇束作框架，里面填入一层砂砾，再平铺一层芦苇，这样层层叠压而建。那墙中的芦苇，有的暴露在外分明可见。我所看到的那段城墙，大概一米多高，从东到西，绵延着伸向远处。

玉门关、汉长城和沿长城修建的一些烽火台，构成一道军事防御线，抵御着匈奴的入侵，同时也起着保卫东西交通的作用。遥想当年，有多少将领和士卒驻扎在这荒凉的地方，经受着风沙的袭击，烽火狼烟，金戈铁马，该是怎样的况味！

我不禁想起唐诗中关于玉门关的吟咏，首先想到的是王之涣的《凉州词》："黄河远上白云间，一片孤城万仞山。羌笛何须怨杨柳，春风不度玉门关。"诗中的"黄河"一作"黄沙"，究竟以何者为是，颇多争议。作"黄河"，想象的空间广大，气象不凡；作"黄沙"，切合当地实景，亲临此地或可目睹，可谓各有千秋。后两句是就笛声表示感慨：北朝民歌里有一支歌曲叫《折杨柳枝》，歌词说："上马不捉鞭，反折杨柳枝。下马吹横笛，愁杀行客儿。"把吹笛和折柳连在一起，共同表达一种哀怨的情绪。王之涣在这首诗里反问道：羌笛何须吹奏这撩乱边愁的《折杨柳枝》曲呢？玉门关外连春风也吹不到的，又何必去怨那如此之少的春之杨柳啊！诗作含蓄地表现了玉门关的苦寒，以及驻守玉门关的士卒们的哀怨之情。我又想起李白的《关山月》，其前四句境界很开阔："明月出天山，苍茫云海间。长风几万里，吹度玉门关。"这玉门关已经成为西北一带边关的一个具有标志性的地点了。又想起岑参的一首七言歌行《玉门关盖将军歌》，这是岑参行经玉门关时写的，关于这位盖将军的名字，闻一多先生说是河西兵马使盖庭伦，也有人说不是，有待进一步考证。关于玉门关，诗里说："玉门关城迥且孤，黄沙万里百草枯。"岑参是到过玉门关的，这两句诗应当是玉门关的真实写照。

玉门关简称玉关，这个名称在六朝的诗中就已出现，唐诗中更加普遍。例如李白的《子夜吴歌》："长安一片月，万户捣衣声。秋风吹不尽，总是玉关情。何日平胡虏，良人罢远征？"这首诗写长安的妇女们在秋夜为驻守玉门关的丈夫捣衣，那捣衣声里传出思念之情，乃是希望他们早日凯旋。又如岑参的《玉关寄长安李主簿》："东去长安万里余，故人何惜一行书！玉关西望堪肠断，况复明朝是岁除。"这首七绝写玉门关的荒凉以及对长安老朋友的思念，那种思念之情在一年将尽的时候越发强烈。

那天傍晚，我们从玉门关回到嘉峪关，稍事休息便乘火车赶往兰州。嘉峪关地处酒泉，酒泉因为有大型的钢铁企业，已变得相当繁荣。新建的街道很宽敞，路边的树木十分茂盛。我们乘的那趟火车叫"酒泉号"，崭新的，明亮而又整洁。我坐在火车上想，如果岑参重新来到这里，并且乘上这趟火车，不知当做何感想？又将有怎样的吟咏？

（原载于《群言》2000年第12期）

山 桃

小病三日，足未出户，以为料峭春寒还没缓和，那场过迟的春雪也仍积在路旁。午后穿了棉衣到校园闲步，蓦然见到未名湖畔的山桃开得热闹，宛若几片朝霞映着潋滟的水光，这才知道北京短暂的花期已经开始了。

也许是受了老杜一句诗的影响，我对桃花并无多少好感。老杜曰：“颠狂柳絮随风舞，轻薄桃花逐水流。”拈出“轻薄”二字形容桃花，似有嫌恶之意。和我所喜爱的玉兰相比，桃花确乎显得轻飘而又单薄，缺少那么一点高雅和庄重。今天细细想来，老杜这句诗未必有这样的意思，只是一时的兴会，原不必求之太深。倒是我过于呆气了，有点借了老杜的话加罪于她的嫌疑。其实，在北国，桃花要算开得早的，在众多的花木中她争先把自己的美献给了我们。在她之后才有黄的连翘，紫的丁香，粉红的海棠，和热烈到令人酣醉的榆叶梅。好像做学问，先发表的文章显得轻些、薄些，这情形也是有的；但只要能开风气之先，其功也就难没了。

春天，我的精力比较充沛。或许因为我是春天生的，每以迎接新生的心情迎接春天，所以这时候读书写作也就比夏、秋、冬三季多些兴致。一连多年了，总是趁着这段时间把自己关在屋里赶些活儿出来，反而冷淡了窗外的春色，连中文系组织的春游也从未参加过。当百花将尽，只有荼蘼寂寞地支撑着晚春时，才后悔又误了此年的花期。“且待来年吧！”而来年依然如故。今年若不是在病后偶然懂得了山桃的好处，又当重复往年的慨叹。北京的花期不过一个多月，几阵黄风刮过，绿肥红瘦，就该换单衣了。今年不管怎么忙也要抽空到户外多走走，好好领略造化所赐予的香和色，从中汲取春的活力。不为别的，只是为了在夏、秋、冬更好地做些该做的事。

（原载于《北京大学校刊》1991年4月10日）

我的生命树

北大西校门内华表旁有一株硕大的银杏树，我常常流连于树下，欣赏她健壮的体魄和旺盛的生命力，我把她视为自己的生命树。最美是暮春时节，一片新绿，似欲滴翠。而在炙热的暑天，人都蔫儿了，她却没有一点萎靡，阳光经扶疏的枝叶筛过，光影斑驳，落在地上，好像画家的笔点染过的一幅油画。到了暮秋，她好像披着金色的斗篷，又是一番别样的风情。持续大约十天后开始落叶，地上堆了一层又一层黄叶，踏上去簌簌作响。俯身捡起一片黄叶，托在手心上，顿时觉得是托起了一片秋。

我喜欢银杏叶的形状，她宛如一把小折扇的扇面，叶脉分明，似乎是为写扇面的人画好了线。叶子黄透了，仍然保持着洁净、矜持，即使坠地仍不失本来的高雅。我曾用毛笔在一片叶子上写过一句诗，当作一枚书签夹在书里。可惜忘记是哪一本书了，就连那句诗也忘了，一时之兴会而已。有一年我家搬了新居，和家人一起去买窗帘，挑来挑去，还是挑了印有银杏叶的那种，这样不就可以天天跟银杏结伴了吗！

据说，银杏树最早出现于3.45亿年前，曾广泛分布于北半球。到

50万年前，绝大部分地区的银杏已经灭绝，只有生长在中国的保存下来，被植物学家视为活化石。银杏树龄很长，可达二三千年。据统计，在中国五千年以上的银杏树有十几棵。中国有些城市如成都、丹东、临沂、泰州、邳州，都以银杏为市树。山东莒县浮来山定林寺有一棵银杏树，树高26.3米，树身周匝15.7米，树龄长达四千多年，被称为天下第一银杏树。

我爱吃白果，白果就是银杏树的果子，只有雌性银杏才结果，而且附近还得有雄性树相伴。后来读清陈元龙撰《格致镜原》，此书卷七五引《汇苑》曰：银杏"又名公孙树，言其实久而后生，公种而孙方食"。这才知道她还有这样一个有趣的名字。

话再说回来，不知道北大那株银杏究竟活了多大岁数，反正称得上是古树。我每年都要去看望她多次，希望她永远保持旺盛的生命力，保持健康和美丽。最近北大将原来的化学北楼经过翻修拨给我们国学研究院和国际汉学家研修基地使用，我给它命名为大雅堂，这大雅堂就坐落在那棵银杏树的旁边，有她守护着真是一种福气。

我查过一些古代的诗集，写银杏的并不多而且几乎找不到佳作，颇为银杏不平，这么美丽的树，古人怎么就不欣赏呢！写到这里忽然想起刘勰《文心雕龙》里的两句话："根柢槃深，枝叶峻茂。"用这两句话形容我的生命树，恰到好处。这两句话也是我常常用来自勉的，是我做学问的目标，虽不能及，心向往之。

燕南园62号

燕南园62号是中式的小庭院，庭院中央有一棵高大的柿子树，右手几丛竹子掩映着窗户，窗棂雕了花的，那就是静希师住房的东窗，窗边是他经常出入的东门。走进东门穿过走廊是一间客厅，客厅南窗外有一段廊子，所以客厅里的光线不很强，有一种舒缓从容的氛围。从客厅一角的门出去，右转，再打开一扇门便是他的书房，那里东、南、西三面都是窗子。冬季的白天只要天晴，总有灿烂的阳光照进来陪伴着老师。这正应了他的两句诗："蓝天为路，阳光满屋。"

静希师刚到燕京大学任教时，住在燕南园一座独立的小楼里。但他喜欢平房，更喜欢有属于自己的大些的庭院，便换到62号来。他在院子里种了一畦畦的花，春天，鲜花布满整个院子，他享受着田园诗般的乐趣。

静希师从二十世纪五十年代末期就买了电视机，那是一台苏联制造的黑白电视机。他喜欢体育，常看的是体育节目。那时候电视机还是稀罕物，第二十六届世乒赛期间，系里的年轻教师们每天都到他家观看比赛的实况转播。客厅里临时凑了全家所有的椅子和凳子，摆成一排排的。大家坐在那里一边观看比赛，一边发出赞叹声和欢呼声，夹杂着各种各样的评论。没有转播的时候，那些座位也不撤掉，等待着另外一场观众。就在这次比赛结束以后不久，老师买了一张乒乓球台，放在院子靠近南墙一片宽敞的地方，系里的青年教师常去那里跟老师打球，我也是其中的一个。老师的眼神好，对球的感觉敏锐，处理球的手法细腻，会突然抖腕发力，改变球的方向，使我招架不住。他喜欢唱歌，会用美声唱法唱到高音C。大概是得益于唱歌，他原来的哮喘病进入老年以后竟痊愈了。他曾热心地教我发声的方法，还画过一幅头腔图，告诉我源自丹田的气如何经后脑绕过头顶，灌向鼻腔和口腔，以发挥头腔的共鸣作用。

我在北大求学和工作的五十一年间，不知多少次进出这庭院，进出这客厅，在那里向老师求教，一起谈论学问和人生。当我毕业后不久第一次登上讲台讲课时，静希师还有锺芸师、一新师兄都去听课，课后便到这客厅里小坐，他们给了我许多鼓励和指点。有时候老师让我进入他的书房，我们隔一张写字台面对面坐着，写字台中央有一方砚台，一个玉雕的水盂，还有一个方形的笔筒，瓷的。在书房里，我们距离更近，谈话也更亲切。我们谈话的内容很广泛，当然多的还是学问，屈原、李白、《西游记》《红楼梦》，以及外国文学，不管什么话题，老师都有独到的见解。有一次谈到水分，他说如果没有水分，干巴巴的东西有什么意思。《红楼梦》里写贾母把鸳鸯调理得像“水葱”似的，这“水”字就很好！1962年静希师开始主编《中国历代诗歌选》上部，让我负责初盛唐部分的初选和注释初稿。在选注过程中，他常常提出一些我意想不到而又令我十分佩服的看法。他告诉我杜甫的《新安吏》一定要选，其中“肥男有母送，瘦男独伶俜。白水暮东流，青山犹哭声。莫自使眼枯，收汝泪纵横。眼枯即见骨，天地终无情”这几句写得特别好。特别是“眼枯即见骨”，很有震撼力。

我仔细体会，老师的艺术感受力确实非同寻常。他还告诉我，李白的《独漉篇》，别人都不选，我们要选。这首诗我原来没有留意，经老师指点，细细读了几遍，才明白它很能代表李白独特的风格，便遵照老师的意思选进去了。诗的末尾四句："罗帏舒卷，似有人开。明月直入，无心可猜。"这样奇特的想象和构思，这样明快而新鲜的语言，非李白写不出的。又如，他说杜甫的那句"即从巴峡穿巫峡"，过去的解释不妥。三峡中的巴峡在下，巫峡在上，杜甫出川怎能从巴峡穿过巫峡呢？他引证古籍中的材料，证明这首诗中的"巴峡"乃是巴江流向长江的那一段山峡，在巫峡之上，所以说从巴峡穿巫峡。经老师这样一讲，诗的意思就豁然贯通了。

回想起来，在我追随老师的这么多年里，他固然教给我许许多多的知识，但使我受益更深的是他给了我一种眼光，一种鉴别的眼光；还教给我一种方法，一种直透文学本质的方法。搜寻我的记忆，他从未对我耳提面命、疾言厉色，而总是在启发我鼓励我。他对我所做出的学术成绩，从不当面夸奖。当我出版了新书恭恭敬敬地送到他的面前，他也从不说些别人在这种情况下通常会说的客套话。当我请他为我的《中国诗歌艺术研究》撰序的时候，他却十分痛快地答应了，而且很快就写完给我。在短短的篇幅内，叙述了我们师生的情谊和学术的交往，并对我书中的内容提要钩玄略加评论。其论述之精当，语言之隽永，口吻之亲切，气度之潇洒，置之于晚明小品的名篇中也是上乘之作。

静希师一生提倡少年精神，他常说：人在青年时代最富有创造力。当我还年轻的时候，他鼓励我抓紧时间做出突破性的成绩，可惜我未能做到。后来他仍不断鼓励我在学术上要胆子大一些，要追求突破，只要是经过自己认真研究得出的结论就要坚持，不必顾忌别人一时的看法。这使我想起他对自己所提倡的“盛唐气象”的坚持，当这个见解刚发表的时候，遭到强烈的反对，但他从未放弃，后来终于得到学术界的承认。

他常常把自己新写的诗读给我听，并让我评论。我特别喜欢他五十一岁时写的那首《新秋之歌》，诗的开头说：

我多么爱那澄蓝的天
那是浸透着阳光的海
年轻的一代需要飞翔
把一切时光变成现在

这首诗里洋溢着对年轻人的爱和期望。他鼓励年轻人飞翔，希望他们把握现在创造未来。诗的结尾是这样的：

金色的网织成太阳
银色的网织成月亮
谁织成那蓝色的天
落在我那幼年心上
谁织成那蓝色的网
从摇篮就与人作伴
让生活的大海洋上
一滴露水也来歌唱

这样铿锵的韵律，这样富有启发性的意象，这样新鲜的感受和语言，四十年后读起来还觉得好像是旦晚才脱笔砚者。八十年代前期，我曾热衷于写旧体诗词，他也把自己年轻时写的旧体诗词给我看，都是些很有境界的作品，但他并不看重这些，他要用现代的语言，创造新的境界、新的格律、新的诗行。有一天他忽然对我说："你真该学习写新诗！"言外之意是把精力放到写旧诗上有点可惜了。我于是也跟着他写了一些新诗，可是总也写不出那样新鲜的句子来，这才知道新诗的不易。

几十年近距离的接触，我越来越感到静希师首先是一位诗人，是一位追求超越的诗人，超越平庸以达到精神的自由和美的极致。他有博大的胸怀和兼容的气度，我从未听他背后说过别人的坏话；他有童心，毫不世故；他对宇宙和人生有深邃的思考，所以他总能把握住自己人生的方向。他九十岁出版的诗集《空间的驰想》，是诗性和哲理巧妙融合的结晶。在这本书里，他推崇人的精神，歌颂精神的创造力，他希望人类不要被物质的"灰烬"埋葬，而失去了人生的真正目标。他用物理学家的眼光思考时间和空间，呼唤人类对空间的突破。正是这种深刻的思考、博大的胸襟，以及始终不衰的少年精神，支持他度过了九十五年的人生路程，依然如此健康而又才思敏捷。

静希师的学问和他的新诗创作紧密联系在一起。用一般文学史家的标准来衡量他，他的学术成就无疑是高超的，他的《中国文学史》，每一版都引起学术界很大的反响，其特色和价值，越来越受到文学史家的重视，香港有学者在一本评论中国文学史著作的专著中，对静希师的《中国文学史》用了很大篇幅详加论述；静希师关于屈原生平的考证，关于《天问》是楚国诗史的阐释；关于唐诗的多角度的论述，特别是关于"盛唐气象"的精彩发挥，以及关于李白"布衣感"的揭示；关于《西游记》文化内涵的新解，以及其他许多见解，在提出的当时都令人耳目一新，至今仍然给我们许多启发。但仅仅讲这些还是难以看出他可贵的独特之处。他可贵的独特之处，或者说别人难以企及之处，乃在于他是以诗人之心从事研究，是带着新诗创作的问题和困惑来研究古典文学的，同时用自己的研究成果来指导自己的创作实践。他对《楚辞》的研究解决了如何从散文语言中创造诗歌语言这样一个重要的、从未被人注意过的问题；他对“建安风骨”和“盛唐气象”的提倡，既符合建安和盛唐诗歌的实际，也启示着新诗创作的一种突破的方向。他作为一位卓有成就的文学史家早已得到公认，但他在新诗创作上探索的成绩还没有引起应有的重视，他也许会感到一点寂寞，却仍处之泰然，这是需要时间和实践来检验的。我相信他的新诗创作，他对新诗格律的创造性探讨，必将越来越受到重视，并在今后新诗创作道路的探索中发挥作用。

静希师在燕南园62号这栋住宅里生活将近六十年了。虽然院子大门的油漆已经剥落，室内也已多年没有装修而显得有些破旧，但是住在这里的年近百龄的主人精神依旧！有时趁着好天气我陪他在燕园散步，他不要我搀扶，自己昂首向前，步履安详，真不像是年逾九旬的老人。

他曾告诉我，走路一定要昂起头来。他一辈子都昂着头，而昂着头的人宛如南山的青松，精神是不老的！

（撰于2004年9月25日，收入《化雨集》，人民文学出版社2005年版）

朴实的力量

也许是因为自己已将步入老年，也许是因为自己多年来研习陶诗的缘故，渐渐感受到朴实的非凡力量。譬如，年轻时只知惊叹崇山峻岭之雄奇，后来才学会了领略平原的美。有一年乘火车驰过华北，那一望无际的平原托起一轮旭日，将它送上天穹，这景象使我感动不已。又如，过去只知赞美王羲之所书《兰亭序》的飞动，后来才学会欣赏陆机《平复帖》的朴与厚。司空图的《二十四诗品》没有标举朴实，袁枚的《续诗品》也没有标举朴实，我不免为之惋惜。朴实，虽不如雄奇、飞动之夺目，但它那种深邃充实的力，那种历久弥新的美，有时比雄奇和飞动更能吸引我。

季羡林先生就是一位朴实的人。

我和季先生初次接触是在四十年前我上大学三年级的时候，季先生为我们讲东方文学史，只见他稳稳地站在讲坛上，语气平缓，动作安详，却把古印度的文学讲得娓娓动听引人入胜。1958年到1959年，我们中文系和东语系的部分教师在密云炼钢，季先生作为东语系的主任曾经去看望我们，并在密云和我们一起住了两天，那是“大跃进”的年代，有些人爱说些鼓动性的话，有些人爱编顺口溜体的鼓动词，甚至说些言不由衷的假话、大话、空话。以季先生当时的身份和所肩负的任务，给我们鼓鼓劲是理所当然的，但他只是默默地和我们一起干活儿，至于他说过些什么我一点也不记得了。就是这样的两天，他更赢得了我的尊敬。

1992年以来，为了北大中国传统文化研究中心的工作，我常常麻烦季先生，或向他请教，或向他约稿，在一起开会的次数也多起来了，这才越发感到他那朴实的力量。和他在一起矜可平躁可释，一切多余的雕饰的东西都成为不必要的了。当工作有了一点成绩想向他表白一下时，到了他那里忽然就感到不值得表白了；当工作有了困难想向他诉说时，到了他那里忽然就觉得不必诉说了。他的沉着，他的稳重，连同他的朴实，使我们只能脚踏实地埋头苦干。

季先生是山东临清人，我的籍贯虽然不是山东却出生在山东的济南，也可以算是山东人吧。朴实，是山东人特别是古代鲁地人共同的性格，我喜欢他们的朴实，也常以朴实二字勉励自己。季先生就是集中了朴实的美德并展现了朴实的力量之典范。而且，季先生的朴实带有豪华落尽的真淳，好像元好问所称颂的陶诗，这就更加令人尊敬。季先生已经八十五岁高龄，如此朴实的人当然会长寿的，我总觉得季先生还蓄有许许多多的精力，他还可以为社会做许许多多的事。我知道他还有连年轻人都望而生畏的工作计划，我祝愿他以饱满的精力完成他的计划，并相信他一定能够完成这些计划。

（原载于《东方》1996年第4期）

生命的赞歌：《病榻杂记》读后

季羡林先生的《病榻杂记》读来十分亲切，就像平时听他聊天一样。他说的都是大实话，没有丝毫的夸张，没有丝毫的造作，显示了他为人的朴实以及朴实的力量。

这本书包含着季先生对人生的哲学思考，然而没有深奥的概念和推理，更没有故弄玄虚的术语和名词，只是朴素地说出他本人对于生老病死的深刻思考。因为这些话出自一位饱经沧桑的老人，结合着他本人九十多年的生活经历，所以很亲切；因为这些话出自一位大学者之口，所以左右逢源令人信服。季先生多次讲他的座右铭，即陶渊明的四句诗："纵浪大化中，不喜亦不惧。应尽便须尽，无复独多虑。"这四句诗出自陶渊明的《形影神》。诗中假设形、影、神三者的对话，形羡慕长生，影主张求名，神以自然化迁之理破除形影的迷惑，主张一切随顺自然，不以生死为念。关于这四句诗，历来有许多解释，我觉得季先生讲得最直截了当，他说："该完就得完，不再多嘀咕"；又说："我只是顺其自然，随遇而安"，因为"有生必有死，是人类进化的规律，是一切生物的规律，是谁也违背不了的"。季先生勘破了生死这个困扰人类的大问题，给了一个极好的答案。

季先生的人生态度既是顺随自然，又是奋发有为。以前他每天四点钟起床工作，没有一丝一毫的懈怠，所以才能写出那么多文章，教出那么多学生，即使在住院的时候，仍然用自己的笔歌颂世上美好的事物，歌颂人性中美好的一面，不肯浪费一点时间，不肯浪费一点生命。

中国古代的文学家和学者中像季先生这样高寿的实在不多。陶渊明据说只活到六十三岁，李白活到六十一岁，杜甫活到五十九岁，苏轼活到六十五岁，陆游活到八十六岁，朱熹活到七十一岁。与季先生同为山东人的辛弃疾活到六十八岁，孔尚任活到六十九岁，王士祯活到七十八岁。季先生以九十五岁的高龄，仍然笔耕不辍，接二连三地为社会贡献出高水平的著作，这实在是一个奇迹，一个生命的奇迹。季先生在创造这个奇迹的过程中付出了多少辛苦，需要多强的意志力，常人是无法想象的。

前年4月北大中文系为林庚先生祝贺九十五华诞，遵照林先生的意思，我们没有告诉季先生。但季先生还是听说了，在召开祝寿会的当天上午，他斜靠在病床上亲笔写了一封祝贺信，回忆七十多年以前在清华同学时的一些往事，而且说："我们都是老实人，不喜欢做惊人之笔。""老实人"这三个字，可谓夫子自道。我曾拜读过季先生赐给我的《季羡林文集》，除了敬佩他学问之博大精深之外，人格方面得到的印象归结起来就是"老实人"三个字。试扪心自问，这普普通通的三个字所指示的目标，我可曾达到了吗？高山仰止，景行行止，季先生是值得我永远学习的。季先生在给林先生写信的同时还用另纸题写了四个字："相期以茶"，"茶"字是由"廿（二十）""八十"和"八"组成，加在一起刚好是一百零八。"相期以茶"，意谓相期活到一百零八岁。我在林先生的祝寿会上宣读这封信和这副题字，当读到

"相期以茶"时全场报以热烈的掌声。现在读《病榻杂记》，季先生在《九十五岁初度》这篇文章最后说："对你目前的九十五岁高龄有什么想法？我既不高兴，也不厌恶。这本来是无意中得来的东西，应该让它发挥作用。比如说，我一辈子舞文弄墨，现在为什么不能利用我这一支笔杆子来鼓吹升平，增强和谐呢？现在我们的国家是政通人和、海晏河清，可以歌颂的东西真是太多太多了。歌颂这些美好的事物，九十五年是不够的。因此，我希望活下去。岂止于此，相期以茶。"

将季先生的座右铭跟这段话结合起来，我们可以全面地看到季先生对生命的态度。而《病榻杂记》可以说就是一首生命的赞歌。

一个没有典范的社会是悲哀的，一个虽有典范而不懂得尊敬的社会更是悲哀的。我们还有季先生这样一些典范，而我们也知道应当如何敬之爱之，用他们的人格和学问来规范我们自己。

这样说来，我们是幸福的！

2007年1月23日

我心中的北大

我从十七岁考入北京大学，二十一岁毕业留校任教，至今已在北大度过三十四个春秋，前半生的三分之二，就消融在这四堵石砌的围墙里，换来了两鬓秋霜，莫非我将终老于此吗？莫非我的一生都要献给北大吗？北大，北大，究竟在哪里呢？

教室里坐满我的学生，一双双眼睛投出渴望知识的光，集中在我身上，使我兴奋、喜悦、感激。因这些光束的撞击而产生的灵感纷至沓来，一向寡言的我，竟滔滔不绝地讲出一连串连我自己也觉得新鲜的话语。从学生的颔首微笑中，我听到他们心中的回响。这时，我觉得自己就像一个交响乐队的指挥，在组织一片和谐的乐音，并在这乐音中聆听到北大的呼吸。

未名湖畔，一位老人蹒跚着，手杖的一端拖在地上。他的面孔静穆、超脱，正沉浸在一个艺术的境界里。这是宗白华先生。他住在朗润园朴素的公寓里，墙上挂着一幅明人的条幅，桌上杂陈着书籍、手稿和一尊古代石雕的佛像。那间不足二十平方米的书房兼作客厅，说不上整洁，更说不上华丽，却有比整洁华丽更难得的书卷气。与其说这气氛得之于书卷，毋宁说是宗先生学者风度的弥漫。宗先生话不多，自有一种无言之美；文章不长，却有不尽的意趣。在宗白华以及其他许许多多脱尽俗气的学者身上体现着北大的雍容与高雅。

从图书馆走向北大书店，有一条不宽的路，东侧是学生食堂，西侧是燕南园。在北大，这也许是人流量最大的一条路了。每当清晨、中午、傍晚，涌动的人群像游行队伍一样穿过。仪态潇洒的学子，红扑扑的脸，操着带有各地方音的普通话，一边走一边高谈阔论：人生，学术，文艺，爱情，世界的局势，中国的改革，天南地北各种各样的话题，古今中外不同流派的思想……谁能不叹服这些青年眼界之开阔呢？那种以天下为己任的使命感，民族自信心和勇于创新的气魄，尤有魅力。每当我走在这条路上，汇入那年轻的一群，遂回到了三十年前的我，并在这里触摸到北大的灵魂。

燕园的花木有多少？没有数过。也许不下万株。我上学的时候喜欢到湖畔山坡树木葱茏的幽静去处读书，为的是得大自然之灵气，以增进自己的智慧。春天的丁香，夏天的垂柳，秋天的黄栌，冬天的白皮松，是我最喜欢的四季树。单说临湖轩前那两株并肩而立的白皮松吧，三十年前已高出屋脊，如今更有参天之势，护卫着它们的石栏也已撑开了。我散步时总喜欢从它们中间穿过，偶或伫立片刻。透过浓密的松针，仰视那蔚蓝如洗的晴空，好似蓝纸上着了碧，画出不规则的图案，每次看去都不一样。还有西校门内那株高大的银杏树，“根柢槃深，枝叶峻茂”，我将之视为自己的生命树，开玩笑地说：“哪天这棵树枯萎了，我的生命也就该结束了。”至于天天见面的未名湖，风光真够旖旎的，虽久住此地，仍会有新的发现。从东岸向西看，会觉得这不是一湖止水，而是一条浩渺的河流，正流向无尽。远处的西山，春夏秋冬面目各异。春之如庆，夏之如竞，秋之如病，冬之如定，尽够我细细品味的。北大的风光培育着北大人的情趣；而北大，即在这多姿多彩的情趣中活泼泼地跳动着。

大学三年级时我写过一首歌咏北大的诗，参加全校朗诵比赛，题目是《我生活在波涛翻腾的海洋》。我觉得北大有一股力量，有一种气象，有一个不可测其深浅的底蕴，唯大海才能比拟。三十多年了，这感觉仍然时常被唤起，并洗涤着我身上某些狭隘的感情，使我宽容些，更宽容些；勇敢些，更勇敢些。三十四年的岁月，北大在我身上刻下难以磨灭的印记，而我的生命也已融入北大的血液。不管今后我是否会离开这里，那条无形的纽带是不会断的。

（原载于《精神的魅力》，北京大学出版社1988年版）

显示个性

《北大学报》创刊五十年了。五十年间大概有三代学者在这里展示过自己的学术成果。第一代学者二十世纪五十年代已经成就卓著，一直引领着学术的发展，目前大多已凋零，但仍有不多的几位继续耕耘着；第二代学者于建国之后“文革”之前进入学术界，“文革”结束后的二十几年间十分活跃，现在有的也已经退出了；第三代学者也就是“文革”以后才进入学术界的，现在正当学术的黄金时期，已经成为学术界的骨干，也是《北大学报》目前主要的依靠力量。“江山代有才人出”，像北大这样的地方，不管社会上向钱看的风气如何劲吹，总会有一批志在学术的、看起来傻乎乎的人在学术的园地上默默地耕耘着。这是北大的幸事，也是《北大学报》的幸事！

至于我和《北大学报》的关系，有两点可说。第一，当我同时收到几种报刊时，总是习惯地先拿起《北大学报》来看。这不仅因为我是北大的人，关心北大的事，也是因为想及早看到我所认识的同事们的大作，分享他们发表学术成果时的愉快。第二，我曾在《北大学报》上发表过一些论文，这些论文大都引起过较大的反响。这一方面固然与论文的水平有关，另一方面也与《北大学报》在学术界的地位和影响有相当大的关系，这是实在话。我不敢轻易向《北大学报》投稿，往往是将自己在课堂上讲过不止一次的、经受了学生检验的一些内容写成论文，投给《北大学报》。这是出于对北大的尊重，也是对《北大学报》的尊重。

一所大学的学报对于这所大学来说，是其学术水平的标志，这是人所尽知的。学报对学校的学术发展所起的作用，也毋庸赘述。我在这里想强调的是：好的刊物是有个性的，而一所大学的学报是这所大学个性的显示。五十年来，《北大学报》已经形成了与北大相一致的个性，概括地说就是既兼容并包而又不媚流俗。兼容并包意谓能容纳各种不同的学术流派和学术观点；不媚流俗意谓能坚持一贯的学术标准，不赶时髦，不凑热闹，高屋建瓴，言之有物。《北大学报》个性的形成，当然是受了北大整体学术环境的影响所致，但也和历届主编，以及顾问、编委的自觉追求分不开。我看到现任主编在保持个性方面更加自觉，更加坚持，因而十分高兴。

《北大学报》在众多的大学学报中早已脱颖而出，但我们不能满足于此，以更高的标准来衡量，还有不少值得改进之处。《北大学报》的国际性有待提高，文章之学术价值的恒久性有待提高，《北大学报》引领学术发展的作用也有待提高。我真诚地希望，《北大学报》个性更加鲜明，并以自己鲜明的个性，吸引更多一流学者撰稿，从而赢得世界范围内广大学者的敬重。

广师说

“师说”是韩愈一篇名作的题目，开宗明义就说：“师者，所以传道受（同授）业解惑也。”这几乎已成为经典性的定义了。但这只是就老师的职责而言，如果就老师的心情而言，似乎还有点什么没包括在里面。姑且写篇短文作一点补充，取名曰《广师说》。

我从二十一岁开始在北大任教，至今已当了四十四年的老师。刚开始教书的时候，学生的年龄和我差不多，有些调干生比我还大。那时候我常常到学生的宿舍辅导，也常和他们一起打球，彼此都很随便，我觉得学生好像是我的兄弟。经历了十年“文化大革命”的风霜，我重新走上课堂，两鬓已经苍苍，看着台下那些稚气的学生，不知不觉插入一些人生经验之谈，这就好像是他们的叔叔了。进入二十世纪九十年代，自己已经满头白发，上课的时候学生把我当成老教授，细心的学生会准备一杯水放在讲桌上，有的学生在课后帮我提着书包送我回家，还有学生说起他们的父亲或者母亲是我以前的学生，这样算来他们更晚了一辈。我担心自己讲的内容还是老一套，以致贻误了他们两代人，从而暗中勉励自己一定要跟上学生前进的步伐，把新的研究成果教给他们。想得更多的是如何帮助学生快些成长起来，在学术的道路上跟上自己并且超过自己。

因此，当有人问我能否用一句话说出老师是一种什么人的时候，我不假思索地回答道："老师就是希望学生超过自己的人。"大凡人皆有好胜之心，老师岂能例外？但老师偏偏希望学生超过自己。因为只有这样，学术的生命才能延续并且发扬光大，自己的价值也才能充分实现。学生在求学期间总是以老师为骄傲，常说某某人是我的老师。而当学生真的超过了自己，老师就会更骄傲地说某某人比我还强，大概这是最能说明老师成绩的一句话了。当老师的，一生和书本打交道和学生打交道，拥有的最大财富不就是学生吗！不就是那些跟上自己甚至超过自己的学生吗！

教师节在即，我又将收到一些学生从四面八方寄来的贺卡，有些学生还会顺便报告自己最新的成绩，这是让我十分喜悦的。我愿用这篇小文章说说自己当老师的心情，并祝普天下的老师能够充分享受当老师的喜悦。

（原载于《群言》2001年第9期）

失　眠

失眠之苦只有失眠的人才知道。躺在床上辗转反侧，越想睡越睡不着，豁上不睡吧又担心明天没精神，工作做不好。看看表，一点，一点半，两点，等五点过后，或许能迷糊一会儿，外面有一点声响又惊醒了。这时最怕窗外有人喊叫，孩子呼唤同学去上学还可以原谅，汽车司机按喇叭喊人上车最烦人。

我从上大学的第一天就患上了失眠症，这症状一直纠缠我到现在。我是不怕安眠药的，先是冬眠灵，然后是安定，再往后是硝基安定，我不喜欢那个“硝”字，它让我想起战争。于是便换了舒乐安定，“舒乐”二字给人以安慰！这些年每晚吃两片还不够，又加了半片思诺思，或者力月西。每晚两片半，维持六小时睡眠，已经足够了。有位朋友害怕安眠药的副作用，硬撑着不吃，整天愁眉苦脸的。我知道顾颉刚先生、季羡林先生都是服用安眠药的，而且都长寿。我想自己既不抽烟，又不喝酒，没有戕害自己的手段，吃点小药片又有何大碍呢？

古代诗歌里写失眠的句子不少，《诗经·关雎》所谓“悠哉悠哉，辗转反侧”极其传神，特别是“反侧”二字，道尽失眠者的苦楚，但这首诗里的“反侧”是带着希望的。阮籍也是失眠的人，其《咏怀诗》第一首一开头就说“夜中不能寐，起坐弹鸣琴”。以他的处境，失眠并不奇怪。陶渊明生性旷达，大概不会经常失眠，但有诗曰：“气变悟时易，不眠知夕永”，可见也有失眠的时候。我年轻时有过类似陶公的感觉，但现在反过来了，失眠时觉得时间过得很快，看看表，刚刚才一点，一会儿便是三点了，再看表已经五点多了。“夕永”二字或可改为“夕短”吧。这种感觉的变化也许与年龄有关，小孩子总盼着过年，觉得时间慢，随着年龄的增长时间也快起来。唐宋诗人里杜甫忧国忧民，是不免失眠的，正如他所说：“不眠忧战伐，无力正乾坤。”王安石性格倔强，居然也有失眠的时候：“终夜不眠谁与共，坐忘唯有一颜回。”至于苏轼的“转朱阁，低绮户，照无眠，不应有恨，何事长向别时圆”，虽然对失眠没有正面的描写，但是在环境的衬托下，那不眠的人给人留下的印象十分深刻。陆游有诗曰：“小楼一夜听春雨，深巷明朝卖杏花”，可见也是失眠的。又说：“不求仙方求睡方”，颇有几分妙处。不过要论写失眠人的感受，范仲淹的“夜夜除非，好梦留人睡”最真切，可见他是早醒的，早醒是失眠的一种类型。

人或问：失眠时都想些什么呢？真是一言难尽。有时是想一件往事或一位故旧，有时是计划一件工作，有时是构思一篇文章，有时是推敲一首诗或一句诗。白天想不清楚的，这时反而能想清楚，也许是因为夜深人静没有干扰，也许是因为人躺着大脑供血充足。有时索性起床做笔记，免得第二天忘记。如果是推敲诗句，而又有所得，那况味是难以言说的愉悦，这时的失眠带有诗意，甚至可以说失眠就是诗，不失眠就失去了诗，两相权衡，是失眠好呢，还是敲诗好，就不好回答了。

我在东京大学任教时，伊藤漱平教授送我一盘磁带，录的是森林中各种鸟鸣之声。他说睡觉时听着这磁带，或可帮助睡眠。初试确有效果，但连续听几天又失效了，因为那声音太美，美得不忍心睡。形容睡眠好，常说睡得香，或睡得甜，将嗅觉和味觉移来形容睡眠，语言何其巧妙。我盼望有那么一种枕头，好像道士吕翁给卢生睡的那种，一睡下去就做了黄粱一梦，只是不要当官。由这寓言我忽发奇想，如果科学家发明一种催眠枕，可以发送短波什么的，又无声无息，一枕上去便进入梦乡，睡得又香又甜，那该多好。世界卫生组织规定，每年3月21日为“世界睡眠日”，据调查，世界上27%的人有睡眠障碍，也就是说世上将近三分之一的人“欠睡”（这是从睡眠日的宣传词中借用的），能为这些人造福岂不值得！

我常戏问：世上什么最好吃？回答各种各样，要我说安眠药最好吃。吃了它睡个香甜的觉，那滋味胜过山珍海味。这是自我解嘲，读者千万别当真。最好是脑袋一碰枕头就呼呼大睡，第二天精神百倍，那才叫福气呢！愿天下人都不失眠，也就可以取消“世界睡眠日”了。

（本文写于2017年3月21日，即“世界睡眠日”当晚，并以此小文献给同病相怜的人）

杏花的思念

杏花赢得许多骚人墨客的喜爱，以她入诗的很多。如唐人杜牧的“借问酒家何处有，牧童遥指杏花村”（《清明》），宋人陆游的“小楼一夜听春雨，深巷明朝卖杏花”（《临安春雨初霁》），都是备受推崇的名句。元人虞集的《风入松·寄柯敬仲》末尾“杏花春雨江南”，更成为人们喜欢集联的句子，上联有对“骏马秋风蓟北”的，有对“白马秋风塞上”的，各有妙趣。至于王安石的《北陂杏花》是专咏杏花的：“一陂春水绕花身，花影妖娆各占春。纵被春风吹作雪，绝胜南陌碾成尘。”其中寄托了自己高尚的情操。

我也喜欢杏花，特别是我下放劳动的京西白虎头大队那满山的杏花，深深地印入我的心中。这村子周围布满层层梯田，梯田上错落地种着许多杏树。春天开花的时节，粉色的和白色的杏花相间，如火、如云，使我兴奋，如梦、如幻，使我沉迷，又如香醇的美酒，使我陶醉。而当落花时节，一片片花瓣宛如雪片纷纷落下，则又把我带入仙境了。

我爱那村子的杏花，更爱那小小的村庄。村子沿着一条小溪分为三段，相去不过半里路。上游叫郝家，大多姓郝；中游叫宋家，大多姓宋；下游叫王家，大多姓王。宋家人最多，也不过二三十户，郝家人最少，不超过十户。王家隔溪水而建的一处房屋，只住着一户人家，最有世外桃源的趣味。我们刚进村时曾访问过几户人家，也曾去过那世外桃源般的人家，迈进大门是一片黄瓜架，一根根黄瓜感叹号似的垂下来。屋顶不用瓦，而是一片片灰褐色的石板。走进屋里，只见房子的栋梁是未曾油漆过的原木。主人端出一大簸箩杏仁儿，和几杯蜂蜜水招待，外加一堆现摘的黄瓜。一切都显得自然朴实，我想这真是个隐居的好去处。

我在这小村里生活了八个月，和老乡们同吃同住同劳动，尽力把自己当作一个村民。要真的成为村民却很难，我们的差距毕竟太大了。从一件小事便可看出：一天，村里安排上山砍荆条，这是为了卖给附近的煤矿，供矿上支撑巷道的顶棚而用。上山后就分散开来，各自寻找荆条。中午缴活儿，人们陆续把所砍的荆条背下山来，放到村口一个磅秤上。我注意到别人可以达到上百斤，而我只有细细的一小捆，称下来只有一十九斤，惭愧极了！吃过午饭再上山时暗下决心，走远一些，多砍一些。于是便往深山走去，收获的荆条确实多了一点，但在欣喜中不知不觉太阳已沿着山坡往下滑，我仍不在意，过了一会儿，太阳落到山后，一眨眼天色便暗了下来，再一转眼山间的小路就看不清了。我迷了路，不知怎样下得山来。情急之中听到溪水潺潺，稍稍安了心，只要找到溪水便可以沿着溪水找回村子。踉跄着，找到一层荒废的梯田，先将那捆荆条扔下去以探测高度，幸亏不太高，然后往下跳，就这样一层又一层地跳下去，中间右手握的镰刀割伤了腿，也顾不得了。终于跳到溪边，沿着溪水摸黑走回村子，村里的人正准备到山上找我呢。

下乡八个月后，我们离开白虎头回学校，经过王家时，老乡们夹道相送，有人流出泪来。我们并没有为这几十户人作出什么贡献，只是一起干活儿，无形中有了感情。相反，倒是干了几件冒进的傻事。例如，村里没通电，便想办法弄来一台锅驼机，烧煤发电，并在每家接上点灯，没想到成本太高，农民负担不起，这套设备只好废弃了。再如，在那小溪上筑了一条坝，想引水到两边的田里，没想到一年中倒有大半年是枯水季节，冬天溪水又结冰，根本用不上。还有一位热心的同事，觉得收获时农民从山上用背篓往下背黍子太辛苦，便埋上柱子，用铁丝架一条滑道，将成捆的黍子顺山滑下来，没想到滑到山下便摔碎了。用一句北京土话，简直是“添乱”。虽然如此，村民们并不怪罪，他们真可谓宽宏大量了。

回校后的两三年间，我两次回到白虎头看望那些淳朴的老乡。从西直门坐火车，到雁翅下车，走三十里便是白虎头了。有一次是春天去的，沿途漫山遍野的杏花使我忘却了世间的烦恼。

我下乡的时间是1959年夏到1960年春，两次回访是1962年和1963年。到1964年秋，学校组织师生到湖北搞“四清”运动，和湖北的地方干部联合组成工作组，我的身份变成工作队员。但我心中存着白虎头的记忆，怎么也想不明白这是怎么一回事。而白虎头那漫山遍野的杏花却时常进入我的梦境。

鸬　鹚

小时候读老杜诗集，颇为自己的一个小小发现而高兴，这就是他很喜欢鸬鹚，在诗里不止一次写到它，而且是把它当成亲密的朋友来写的。例如《三绝句其二》：“门外鸬鹚久不来，沙头忽见眼相猜。自今已后知人意，一日须来一百回。”这是多么亲切的叮咛！第二句写鸬鹚的眼神，“相猜”二字引起我的好奇，那是什么样子呢？老杜还有题为《春水生》的两首绝句，其一曰：“二月六夜春水生，门前小滩浑欲平。鸬鹚鸂鶒莫漫喜，吾与汝曹俱眼明。”很富有童心，也是我所喜欢的。

但是我从小生活在北方，与这种水鸟从未谋面。1964年秋我和北大的近千名师生一起被派到湖北江陵参加“四清”运动，从北京先乘火车到武汉，学习了一周，然后再乘轮船溯江而上，两天两夜才抵达江陵。那段长江像盘山公路一样迂回曲折，在来往的轮船中，也穿插着大的帆船、小的舢板，还有一些渔船。有的渔船上横着一根木杆，上面站着一些鸟，好像排着队的士兵，羽毛深黑，长颈钩喙，颈上有一个相当大的囊，鼓鼓的，听说那就是鸬鹚。

我的驻地在张黄公社张黄大队的第七小队，那个小队只有十七户人家，房子大都是用竹竿为柱，上面墁了土做墙，屋顶则是用稻草铺成的。只有一家比较富裕的上中农屋顶盖了瓦，黑色的，看上去仍然很简陋。我的房东姓宋，这家的房后是一片大湖，我们饮水、洗衣服、洗菜都是在这湖里。湖上偶尔有些渔船，也是拴了鸬鹚的，我得以细细观察它们。捕鱼的时候，渔人在它们的脖子上系一根绳，然后将它们驱赶入水。它们捕了鱼便浮出水面，站回到船的横杆上，高高地仰起头来，脖子一抻一抻地想把鱼吞下去，可是被绳子挡住了总也吞不下去。这时渔人便抓住它们的脖子一挤，那已入口的鱼便吐了出来，归了渔人。然后再被赶下水去，重复着刚才的作业。等渔人满足以后，才给它们解开颈上的绳子，让它们吃个饱。吃饱以后复又纷纷回到船上，开始晒它们的翅膀，那样子倒是颇有点优雅的。老杜有诗曰："鸬鹚西日照，晒翅满渔梁"(《田舍》)，大概就是描写这情形。

一天晚上，忽然听得后湖上传来一阵木棒敲击船帮的声音，出门一看，几十只渔船点着灯笼火把，正在捕鱼。这些船围成一个圆阵，撒下渔网从四面围剿，船上则排列着鸬鹚组成的潜水兵，顺从主人的命令扎下水去捕了鱼再上来，吐出鱼再下水。一直折腾了半夜。渔人们满载而归，那些鸬鹚大概也可以脱去颈上的绳子，饱餐一顿之后，站在横杆上休息了吧。

关于鸬鹚古书上早有记载。宋罗愿《尔雅翼》卷一七："鹚，水鸟，色深黑，钩喙，善没水中逐鱼，亦名卢鹚。《苍颉篇》曰：似鶂而黑。卢与鹚皆黑色，故名。《说文》曰：兹，黑也。"明李时珍《本草纲目》："鸬鹚，处处水乡有之。似鶂而小，色黑。亦如鸦，而长喙微曲，善没水取鱼。日集洲渚，夜巢林木，久则粪毒多令木枯也。南方渔舟往往縻畜数十，令其捕鱼。"晚唐杜荀鹤有诗咏鸬鹚曰："一般毛羽结群飞，两岸烟汀好景时。深水有鱼衔得出，看来却是鸬鹚饥。”这首诗对鸬鹚流露出同情之心。

鸬鹚捕鱼的情形，是很有趣的。但它们的身份既可笑，又可怜。每当看到它们，自己的心情总是有点异样。

北大岁月琐忆

一

我虽然生在一个传统的读书人家庭，但是因为我自幼体弱多病，家庭并没有给我严格的学术训练，这种训练是从1953年我十七岁考入北大时才开始的。刚进北大时，抱着当作家的梦想。没想到系主任杨晦先生“无情”地告诉我们：中文系不培养作家。开始并不理解这话，学了一年以后才明白确实如此。那时的课程都是很难啃的硬骨头，例如，一入学就上高名凯先生的“语言学引论”，高先生是法国巴黎大学博士，他讲课时古今中外旁征博引，发的讲义后来出版了，厚厚的。又如上游国恩和浦江清两位先生合开的先秦两汉文学史，一开始就讲《尚书》，课后我抱着《十三经注疏》啃《盘庚》篇，那些诘屈聱牙的文字虽有趣味，但连注带疏读起来真够难的。还有杨晦先生的“文艺学概论”，天马行空，必须细心听讲方可以沙里淘金。难怪比我低一个年级，当时已经颇有名气的刘绍棠在北大中文系念了一年之后便退学，当他的专业作家去了。有了第一年的基础，到了二年级，跟林庚先生学习魏晋南北朝隋唐五代文学史，便突然觉得轻松多了。他是诗人，将自己的诗情融入讲课之中，引导我们欣赏领悟，很受欢迎。浦江清先生的“宋元明清文学史”很有特点，讲到元明戏曲时他会情不自禁地唱一段。王力先生的“汉语史”，讲稿好像是用毛笔写的，课讲完了讲稿也就出版了。此外，还有魏建功先生的“古代汉语”、周祖谟先生的“现代汉语”也是我感兴趣的，不过以他们的专长讲这类基础课并不能充分发挥。袁家骅先生的“汉语方言学”，用各地民谣或民间故事教我们说各地方言，我至今还记得粤语的故事《无尾鼠》。余真、曹靖华等先生的“俄苏文学史”、季羡林先生和金克木先生的“东方文学史”、李赋宁先生的“西洋文学史”，使我大开眼界。周一良先生和邓广铭先生合开的“中国通史”，给了我史学的视角，这对我研究中国文学史很有帮助。上述各位先生教我的时候，不过四五十岁，确切地说林庚先生才四十三岁，游国恩先生不过五十二岁，当时他们已经学富五车卓有成就了。不过上课只是师傅领进门，更重要的学习是自己课外阅读，泡在图书馆里拣自己喜欢的书来读，古今中外，中文、历史、哲学，其乐无穷，收获也最大。

就这样，我在北大扎扎实实地读了四年书，渐渐窥见了做学问的门径。毕业时林庚先生需要一名助教，系主任让他自己物色，这在当时是有点出格的。林先生便让比我早一年毕业留校任教的倪其心学长到班上了解情况，同学们反映我还不错。林先生看过我的一篇作业，对我有点印象，这样我就在二十一岁时留在北大中文系当了一名助教，从此很幸运地走上学术之路。那时的图书馆馆长向达先生准许教师进入书库自由阅读，我便经常泡在书库里，随意浏览，增长了不少见识。

1958年秋，北大搞半工半读，我被派到京西城子煤矿劳动，同时给二年级学生讲授中国文学史。下煤井时头戴柳条帽，身穿工作服，腰里别一个充电池，七斤半重，电线通到头顶的一盏照明灯。胸前还要揣一个饭盒，装上满满的一盒饭。在井下的八小时里趁着点了炸药炸开掌子面的工夫，躲到岔道上吃饭。平时有罐笼送我们下井，但遇到高产日，十二小时一班，罐笼用来运煤，我们便走下爬上。原来矿井是一层煤矸石一层煤炭间隔着，第一层叫一道巷，第二层叫二道巷，以此类推。每一层间隔大约三米，越往下越深。我下过七道巷，那层巷道也就一米高。八小时都弯着腰干活，手握一把大铁锹，不停地擢煤，煤块在头灯的映照下闪闪发光，黑宝石似的。在井下彼此的脸都被煤屑熏黑了，只能认个大轮廓。上到地面，洗了澡，彼此又不认识了。在煤矿三天挖煤，三天上课，挖煤和上课究竟是隔开来互相穿插呢，还是集中三天挖煤再集中三天上课呢？换了好几次，大家觉得怎么都不对劲儿。原因并不在于时间如何调整，而是在煤矿劳动的环境中，讲王维、孟浩然，实在有点别扭。

两个月以后，学生回校了。我又转到密云县钢铁公社炼钢，从冬天干到第二年夏天。那里的主力是人大的老师，北大的老师只有中文系、东语系和俄语系的，还有一位工人、一位实验员，总共不到二十人。我们北大这批人先是负责烧锅炉，供给全体下放劳动的老师喝水以及早晨洗脸之用，因为天太冷了，住的又是半截在地下的花洞子，毛巾都冻成了冰片。烧锅炉是在夜间，先要到三四十米外的一口井里打水，挑回锅炉房连夜烧开，存在一排大缸里。天刚蒙蒙亮，就看到人大的老师分班挑着水桶来打水，他们的衣着做派都像工人。后来我们还当过木工、高炉工、翻砂工。当木工实际上只干一种活儿，就是拉大锯。一根大树干斜支在地上，一人站在上面，俯身；一人跪在下面，仰头，来回地锯。两人相对，不断交流着眼神，调整着节奏，同事之间从未如此亲密。当高炉工，两班倒，十分辛苦，可惜炼出来的都是豆腐渣一般的粗钢。密云的铁矿是贫矿，钢铁公社的高炉虽号称小洋炉，但只有55立方米，所谓洋不过是有一台鼓风机可以往炉内送热风而已。出渣或出铁时，我们要抡起五磅重的大铁锤将钢钎打进炉中，将渣水或钢水放出来。后来又当翻砂工，这活儿更累，八小时蹲在地上盘弄沙范，再将钢水浇到其中铸成零件。不过我们的情绪还不错，都自觉地通过劳动锻炼自己。俄语系一位老师会唱歌，我们晚饭后休息时，常常请她唱一曲。我要求唱舒伯特的《圣母颂》，她的声音隔着用秫秸筑起的墙传过来，十分动人。在那样的环境中，居然能欣赏《圣母颂》，而且没有人干涉，真有点奇怪了。

在密云劳动了八个月，然后又转到京西斋堂人民公社白虎头大队劳动，一直到1960年3月才回到北大。斋堂是山区，梯田一层一层地从山下直达山顶，春天漫山遍野粉红色的桃花和杏花，秋天漫山遍野金黄色的谷穗，山下小溪潺潺，农舍点缀其间。那里盛产桃、杏和核桃，春天跟着老乡爬树摘桃、摘杏。秋天跟着老乡割谷子，左手搂一把，右手挥动镰刀顺势一割，刷刷地响着，很有规律的节奏带来一种乐感。或者手持长杆打核桃，一杆打下去，噼里啪啦地落一地，有的还会落在头上身上。傍晚用背篓背回村来，走在崎岖的山间小路上，汗水湿透了衣裳，但心灵是很纯净的。有一段时间我被调出村子，参加撰写斋堂人民公社史，到许多村庄采访。山区农民生活的艰苦、心地的朴实、性格的坚韧，以及待人的诚恳，给我留下深刻的印象。有一天我到王家村采访，一路爬山，步履艰难，只见一位小脚老太太从后面赶上来，我们说了几句话的工夫，她便将我甩到后面了，过了一会儿已不见她的身影，我很惭愧。等我抵达村子时早已过了午饭时间，老乡在锅里为我留了玉米碴子粥，灶里的柴火还有余温，那碗碴子粥可称世界上最好吃的东西。马栏村奇特的地貌、百花山下的依依墟里烟，也曾使我陶醉。有个村子周围仍然保留着石头砌的城墙，我猜想是北朝时坞堡的遗迹。我离开斋堂后到“文革”开始前的六年里，曾经两次回去看望老乡们，领略那诗一般的景色，找回那段生活的色彩。每一个中国人，不管是从农村出来的还是生长在城市的，都不应该忘记农村和农民，是农民的汗水浇灌了中华大地，农村是中华民族几千年灿烂文明的根基。无论是当时还是现在，我都认为这段经历对我来说是重要的。虽然耽误了读书做学问的时间，但是人生的阅历丰富了，做学问的眼光也就有所不同，此所谓“世事洞明皆学问”吧。

我从进北大的第一天起就患了高血压症，低压96，高压165，不能正常上体育课，经校医院院长吴继文开示证明，转入医疗体育课。老师是一位美国老太太，燕京大学转过来的，十分和气。所谓医疗体育无非是柔软体操啦远足啦之类的，远足也就是从第二体育馆走到北大的蔚秀园或承泽园，那时这两座园子没有楼房，还留有大片池塘树木，颇有田园风味。经过一年多的劳动，1960年春回校以后，血压竟然降到75—115，水银柱上的这个刻度一直保持到现在，成为我那段劳动生活的印记。

我回北大后便讲授中国文学史。我的导师林庚先生、我大学的班主任老师冯锺芸先生、我的师兄陈贻焮先生都来听我的课，课后在林先生家里小聚，他们给我很大的鼓励，那情景至今历历在目。林先生在各方面给我的启迪和熏陶，对我影响深远，没有他就没有我的今天。从他为拙著《中国诗歌艺术研究》写的序中，可以看出我们之间的师生情谊。此后我连续为中文系、外语系和北京电视大学讲课，同时跟随林庚先生参加主编了《魏晋南北朝文学史参考资料》，并承担了林先生主编的《中国历代诗歌选》上卷初盛唐部分的注释工作，还发表了几篇现在看来很不像样子的论文。

正当我感到可以展开自己的研究之际，1964年秋被派到湖北江陵县张黄公社张黄大队参加农村的“四清”运动，身份是工作队员。我去的那个村子只有十七户人家，却进驻了五名工作队员，三名是附近公安县的干部，再加上我和一名北大的学生。五个人去查这个贫穷的小村里干部的四不清问题，真可谓兴师动众。江陵本是南朝民歌《西曲》的诞生地，是我向往的满地是诗的地方，但实际的情况跟读《西曲》所得的印象完全不同。那里生产水平很低，主要是种稻谷，一天吃两顿饭，一干一稀。我的师兄陈贻焮跟我邻队，写过一首诗，其中有这样两句：“饱吃干稀饭，深交贫下农。”可谓妙趣天成。这里根本没有副业，连蔬菜都很少，萝卜长得像拳头那么小。主要的下饭菜就是炸胡椒，过年杀一头猪，腌起来吃半年。但工作队员是不准吃鱼、肉、蛋的（以免被“腐蚀”），村民笑话我们是和尚，他们偶尔吃一顿荤的，只好为我们把那点荤的挑出来另盛一碗。村里一律的茅草房，除了一家富裕中农的房子盖着灰瓦以外，其他十六家连房顶都是稻草铺就的。房子的墙不过是一些插进地里的竹竿，上面涂了泥巴而已。下雨天人们穿上木屐，冬天老人提着一个瓦盆，里面盛些做饭剩下的草灰，放在棉袍下面取暖。我们进村没几天，小队会计便冒雨穿着木屐，背一张八仙桌供我们办公使用，我们拒“腐蚀”没有接受，他便又背了回去，看着他的背贴着桌面的身影，我感到不是滋味。我住在宋大娘家，老两口带着一个儿子，儿子娶了亲，小两口的卧室跟老人的卧室只隔着一道竹墙。为了安排我和那名学生住下，临时隔开一间小屋，支起一张木板床来。我们住房的后面便是堆放粮食和杂物的仓库，晚上睡觉时老鼠从我的身上爬来爬去，可以清楚地感到它们脚步的轻重。再往后就是牛圈，躺在床上可以听到老牛反刍的声音。

夜里睡不着时，从墙缝里仰视天空，星星眨着眼，似乎也在看着我。我们五个人思想都有点右倾，至少我个人看到的是一片和睦平静的景象，干部带头参加劳动，跟群众的关系也相当密切。组长委派我当资料员，按时向上汇报清查的结果，我们汇报不出什么重大的战果，而邻村却得到赫赫战功。其巧妙的计算方法是，队长家的鸭子放进后门外小队的稻田里，假设一年吃多少稻谷，又假设这些稻谷当种子，一年收多少稻子，几年累计下来价钱惊人。我们不愿意仿效，上报的数字很少，所以总是受批评。组长着急，怕是队长跟群众串通了欺骗我们，让我晚上蹲到他家墙外偷听壁角，我十分恼火地顶撞他说："我一个堂堂北大的老师，怎能干这种事情！"他便不再说什么。有一次召开三级干部会，工作队和村民代表集中住到大队的仓库里，我房东那年轻人代表村民也参加，他没有铺盖，我便请他跟我睡在一个被窝里，一转身便感到他的双脚在头边。心想我的脚也伸到了他的头边，彼此彼此无所谓的。

当时的农村还保持着朴素的田园风光，宋大娘家后面是一片望不到边际的大湖，偶尔有渔民放鱼鹰捕鱼，那些鱼鹰的眼神诡谲，脖子上拴着一根绳子，叼了鱼又咽不到肚子里，脖子一仰一仰的，不断抻着头，既可怜又可笑。村里有一片小池塘，春天放鱼苗，秋天鱼长大了就到县城买巴豆，磨碎撒在池中，鱼中了毒晕晕乎乎的，游得很慢。农民就站在小船上用鱼叉叉鱼，一两天内就把全池塘的鱼叉尽了，等来年开春再买鱼苗放养。并没有规定工作队员参加劳动，但我觉得参加劳动更愉快，便主动找活儿干。我刚去不久跟着农民劳动，就参加过对鱼的"围剿"，我只能在岸上叉，一天叉了十二条鱼，却惹来猜疑。当地话"叉鱼"和"吃鱼"声音相近，工作队当时是不准吃鱼、肉、蛋的，领导听说我"叉鱼"以为我"吃鱼"，便来调查。

积极参加劳动原来是应当表扬的，却成了问题。幸亏很快就查清了。冬天农闲，公社派人到长江边上加固大堤，我也参加了。江陵地属荆州，这段长江又称荆江，水面高过地面，形成悬河。在岸边看到来往船只的白帆，似乎是在头顶上滑动，这景象使我惊异不已。

等我们回到北大，正赶上北大搞起了“社教”运动，随后又是“文革”，我被说成是“白专典型”，据会上揭发，我的情况曾由北大上报到北京市。系领导重用“白专典型”，便成了一条罪状。好在我只是用来说事儿的，不是打击对象。但心里觉得很好笑，领导何尝重用我了？我多次下矿下厂下乡劳动，努力向劳动人民学习，怎么能说我白呢？我学识浅薄，说我专岂不是过于抬举我吗？我既不是走资派，说是资产阶级学术权威吧又不够格，当然更不可能成为造反派，便逍遥起来。趁此机会读了一些跟政治毫不沾边的书，如《山海经》之类，“文革”结束后我发表的《〈山海经〉初探》《〈汉书·艺文志〉小说家考辨》就是在这种情况下写的。

1969年秋，北大的大部分老师都被下放到江西新建县鲤鱼洲“五七干校”劳动。中文系的军宣队宣布下放名单时，我正住院，遂向领导说明情况，那位领导很痛快地回答：“你先治病，病好了再去。”我为了表示自己属于下放的那一队人，绝不赖在北京，便托沈天佑老师将行李带走。有一段时间，我主动跟学生到机械制造厂劳动，干的是刮研工，据说是最累的工种。同时，我百般求医，病仍未痊愈。第二年春便豁出去了，毅然奔赴鲤鱼洲干校。原来鲤鱼洲濒临鄱阳湖，硬是围湖造田，造出一座劳改农场，劳改农场迁走后，我们的干校就建在农场的旧址上。这里是血吸虫疫区，大家不免有几分担心。但我想鄱阳湖对岸就是陶渊明当县令的彭泽县，他一个贵族出身的人不为五斗米折腰，辞官归田，值得敬佩。我到鲤鱼洲正可以体验他的生活，也就释然了。在鲤鱼洲根本接触不到农民，还是这帮“臭老九”在一起，只是换了一种生活方式而已。当时流传着“劳动省心论”，对于我这样的逍遥派确实省心。早饭后排队，这一天干什么活儿，自有排长分配，根本用不着操心。晚上开会既不会当作“5.16分子”（造反派中的一部分）挨斗，也不用发言斗别人，在大草棚的角落里一坐，尽可以打我的盹儿。工宣队宣布，你们要当鲤鱼洲的老祖宗，别想回北大了。我也无所谓，当陶渊明就是了。

尽管如此，值得回忆的事还是不少，在这里只写几件。鲤鱼洲本是湖底，一下雨地上很滑，许多五七战士常常跌跤，而我竟然没跌过一次。有一回挑着秧苗走在小渠的岸上，忽然担子一头的绳子断了，我失去平衡将要跌倒，便纵身跳到对岸，秧苗落入水中，而我稳稳地站住了。我很为自己的矫捷和坚定而自豪。还有一次，我正在插秧，横着插，一排六株，从左到右，再从右到左。秧苗均以60度立在田里，一束一束的，不能披头散发。人则倒退着，在泥里走出两道直直的痕迹。我觉得这活儿挺有意思，看到自己所插之处，秧苗整齐地排列着，颇有美感。这时听到班长大喊一声：“袁行霈可惜身体不好，要不然一定是插秧好手！”我从小受过不少表扬，但这句话最使我高兴，也最使我难忘。另一件难忘的事是1970年春，我和一些人乘敞篷卡车到井冈山修铁路，鲤鱼洲没有道路通向外边，车子只能走在鄱阳湖的大堤上。雨后堤上泥泞不堪，车轮子根本就不转，只是费力地滑行，一上午才滑出几里地。午饭后从队部叫来一辆拖拉机在前面拉，没想到拉出去不远就是一道斜坡，向前的拉力和向下的滑力合起来，把整辆汽车翻到堤下，四个轮子朝天。我们也都被摔了下去，或压在车下，当场死了两人，还有一些受伤的，而我竟毫发无损。摔死的那位同事恰好是打前站的，他先去井冈山联系好，然后回来接我们。命运竟是如此捉弄人吗！幸亏汽车是向湖的外侧翻，如果向另一侧翻向湖中，我们岂不都化为鱼鳖了吗？生死原只有一线之隔！我从此似乎将生死觑破了。那年我三十四岁。

有一天晚上雷电交加，暴雨像水柱般泼下来。我们都躲在所住的大草棚里。忽然有人高喊墙快倒了，只见朝北的一面土墙向里倾斜，我们几个人便用手顶住那面墙，等那墙立稳才散开。这时，我望外看了一眼，只见鄱阳湖上的闪电竟然跟平时所见不同，闪电本是自上而下或稍有斜度，湖上的闪电竟然是横向的，好像人的心电图，把天空横着切成两段。这一奇观使我叹为观止，大自然竟是如此神奇难测，人在大自然面前是何等渺小啊！

二

我这八十年，以四十岁为界，可以分为两个时期，翻车那次可谓是跌入了我人生的最低谷。

四十岁正是"文革"结束的那年，听到清除"四人帮"的消息，我从北大朗润园家中走到天安门参加游行，并没有人组织，也没有人通知，大家自发地涌到那里，表达自己的感情。那汹涌的人流仿佛是一条不尽的大河，让我想起李白的两句诗："山随平野尽，江入大荒流。"一个新的时代即将开始，一条宽阔的道路展现在眼前。因为四十岁是我人生的转折点，所以我的心态至今还定格在那年，常常觉得自己还是中年教师。

的确，四十以后我开始了新的人生，从此再没有人批判我"白专"。1978年发表了《横通与纵通》一文，代表我学术的自觉。1979年发表了《〈山海经〉初探》和《〈汉书·艺文志〉小说家考辨》，还到昆明参加了中国古代文论第一次研讨会，发表了《魏晋玄学中的言意之辨与古代文艺理论》，从此引起学术界的注意。参加会议的有吴组缃、钱仲联、程千帆、杨明照、马茂元、王达津等老先生，都是刚刚解放的学术权威，会议的气氛自由轻松舒畅。会前我曾到导师林庚先生家，将自己准备提交的论文读给他听，得到首肯。又到吴组缃先生家读给他听，论文颇长，他并无厌烦的表示，相反，有几处赢得他的称赞，每到他满意的地方便拍一下大腿说："好，写得好！"这让我想起他曾向我讲过的轶事，老舍有时把自己的文章读给他听，读到得意处，便拍一下大腿说："这一笔除了我老舍谁写得出来！"这则趣闻置之于《世说新语》毫不逊色。

顺便说说，1979年是我人生中难忘的一年，那年我在当了二十一年助教之后晋升讲师；那年我从三家合住的一个单元房中搬到蔚秀园，两室一厅；那年我在中文系跟吴组缃先生各开了一门专题课，那是"文革"后中文系最早的两门专题课，我的课就是"中国诗歌艺术研究"，后来整理成为一本书出版。第二年1980年，我晋升副教授。

1982年春中文系本来准备派我到荷兰莱顿汉学院访问研究，我加紧复习英语。后来改派往东京大学任教，我是北大中文系第一个到东大任教的。我的职务是"外国人教师"，这本是二战后不久，由当时东大的中文系主任仓石武四郎教授设立的，所请的第一位教师是冰心女士。这样说来我便是她的后任了，东大的同事提起这情况，我深感荣幸。

东大为我安排的宿舍在西片的West Wood公寓，听说房东是东大英语系的教授，我猜想他大概是姓西木吧。宿舍离东大正门不到十分钟路程，步行去学校上课很方便。西片属于上手町，是豪华住宅区，一栋栋小楼房，各有自己的风格。我住的公寓则比较简陋，一进门是厨房和餐厅，向里隔一扇拉门是客厅，再向里进一道拉门便是卧室兼书房。本来是日式的榻榻米地面，东大特地为我安置了一张床。这是我第一次出国，在那一年间我要教大学院、文学部、教养学部共五门课程，主要是在大学院面向研究生讲“陶渊明研究”。那时的学生现在不少人成了教授。中文系主任伊藤漱平教授是一位热爱中国文化的老派学者，著名的红学家，会写汉诗，并擅长书法。他亲自到机场接我，举着一张相当大的纸，上面写着“欢迎袁行霈先生”。在这一年里我们一起切磋学问，吟诗唱和，挥毫写字，探访名胜，消除了我不少的乡愁。他曾邀请我到名古屋附近一座小镇上他父亲家里做客，他的父母以极其隆重的日本礼节迎接我，跪在门口的榻榻米上表示欢迎，我不知所措。伊藤教授安排我在老人的书房里住了一宿，并请我在他父亲的册页上题字。值得纪念的，还有东京大学、日本大学、御茶之水女子大学和爱知大学的六位教授跟我组成了读词会，每月一次研读宋词。因为第一次是6月，读的第一首词是六一居士欧阳修的《蝶恋花》，他们又谦虚地说是六名学生一名老师，所以称为“六一读词会”。这逼着我开始研究唐宋词。我不会日语，一个人住在东京，感到很寂寞，只能常去神保町，那里有许多书店。有时门外的小街上传来叫卖石烧白薯的声音，拖着长长的尾音，婉转中带着苍老，卖者是一个老汉。有时附近后乐园的野球（棒球）场上传来啦啦队的喊声，那三三七的节奏，使我想起中国七言诗的格律，原来这节奏是人呼喊时自然形成的，是人呼吸最舒服的节奏。

一年后我回到北大，便给研究生开了“唐宋词研究”课，并发表了几篇词学的论文。爱知大学的中岛敏夫教授又两次请我去他的大学做集中讲学，我的那本《中国文学概论》就是根据讲稿写成的。

1984年我被特批为教授，本来教育部门认为前几年教授评滥了，便派人到北大调查，结果不但不滥反而是有些人该上没上，于是便组织全国最有权威性的老教授在北京进行评审，称为特批，各学科都有，全国中文系共评上七人，北大占了三名，我忝居其一，还有严家炎和金开诚两位。这是王瑶先生会后私下透露给我的小道消息，跟他一起的中文学科的评委还有王力、程千帆、王季思等几位。那年我四十八岁。当时有人传说我是北大最年轻的教授，未必。

陶渊明是我自幼就喜爱的作家，1992年中华书局的程毅中先生约我为陶集作注，我在东京大学期间完成了大半，可是当我以读者的身份阅读这份书稿时，竟完全失望了，因为缺乏新意。于是从版本调查入手从新做起，花了二十多年的时间，完成了《陶渊明研究》《陶渊明集笺注》和《陶渊明影像》三本书，总算对得起这位素心之交的朋友了。

从东京回来后的前十年，我在教学上花的时间比较多，先后为研究生和高年级学生开设了“陶渊明研究”“唐诗研究”等六门专题研究课，获得国家优秀教学成果奖国家级特等奖（个人）。指导了商伟、王能宪、马自力等多名研究生，现在他们都已成为著名的学者。商伟是哥伦比亚大学的讲座教授，王能宪是中国艺术研究院研究员、曾任常务副院长，马自力是首都师范大学文学院教授兼院长。可惜的是孟二冬当了北大教授后因劳累过度英年早逝，但受到政府表彰，被评为全国劳动模范。此外我还指导了几名外国的进修生，1989年我过生日时，柯马丁、柯嘉豪、小野桂子三人分别用德文、英文、日文翻译了我的一篇文章《诗与禅》，打印出来作为生日礼物送给我，这是我十分珍贵的收藏。现在柯马丁和柯嘉豪分别在普林斯顿大学和加州大学伯克利分校担任讲座教授，小野也在普林斯顿大学任教。不过严格说来，前两位都不是我名下的访问学者，他们没有正式的导师，是常常到我家请教的朋友。

我人生中关键的年份还有1992年和2009年。1992年1月6日北大成立中国传统文化研究中心，校领导任命我为主任。香港的南怀瑾先生赞助了第一批经费，我们创办了大型学术刊物《国学研究》，还资助了文、史、哲、考古的老师们许多研究项目。《人民日报》在显著位置刊登了记者所写的长篇报道《国学，在燕国悄然兴起》，引起一番热议。

1992年7月，我应邀赴新加坡国立大学中文系任客座教授。在新加坡一年间，结识了许多新的朋友，如系主任林徐典教授、后来继任系主任的陈荣照教授、同样担任客座教授的罗郁正教授等。罗教授来自美国印第安纳大学，比我年长许多，他热心好客，开朗幽默，我们相处很愉快。说起来真有缘分，大概是1978年，他曾来北大访问，想见历史系邓广铭教授，因为他们是研究辛弃疾的同道。也许是邓先生提议，我陪侍左右，早已跟罗教授见过面的，在新加坡国大重聚，彼此都还记得那段往事。还有王国璎教授，她跟我早已通过书信，据她说，当她的《中国山水诗研究》出版后，询问在康奈尔大学任教的梅祖麟教授，应当寄给大陆的哪位学者，梅教授让她寄给我，我们就是这样成为朋友的。我之所以去新加坡国大任教，因为前一年那里召开“国际汉学大会”，主题是“汉学研究的回顾与前瞻”，从中国大陆去的还有任继愈先生，他在北京没赶上飞机，所以第一天的主旨报告是由我代读的。据说我在大会上发言时“台风好”，所以第二年新加坡国大便邀请我担任客座教授。王国璎的丈夫是元史专家萧启庆，父亲是我敬仰的王叔岷先生，他本是傅斯年的得意门生，后来任教于中国台湾大学，曾在新加坡国大任中文系主任。他对魏晋南北朝文学的研究，特别是对陶渊明的研究是我十分敬佩的。正是在新加坡，我对港台和国外的汉学有了较多的接触，这对我此后的工作帮助很大。新加坡的华人很热情，学生对老师很有礼貌也很有感情，我深感快慰。牛车水是华人聚居区，也有许多华人开的商店，在小巷中还可以看到代写书信的摊子，以及坐在摊后的老先生。这些小摊是早年漂洋过海的华人思念家乡的遗存。

我去新加坡时，我的妻子也应韩国外国语大学的邀请，前往任客座教授，她本是北大汉语教学中心的教授。我们都离开北京的家，唯一的女儿正读高中，她一个人在北京我们不放心，我便带她去了新加坡，在那里她上了一年英语补习学校，这决定了她此后的专业。

1993年春我在新加坡国大时，同事告诉我："你当选了全国政协委员。"找来《人民日报》一看果真如此，十几天后，又得到消息我被选为常委，这都是出乎意外的事。当年秋我回到北大，除了继续在中文系任教授外，还继续担任中国传统文化研究中心的主任。我们组织校内一百多位老师，与中央电视台合作，拍摄了《中华文明之光》大型系列专题片，共一百五十集，每集三十分钟。季羡林、张岱年、邓广铭、侯仁之等长辈教授都亲自撰写文稿，并参加了拍摄。北大传统文化研究中心在国内产生了广泛的影响。在此前后，对我们质疑和批评的声音多起来了，有人说我们是新保守主义，有人说我们提倡复古，一时间压力很大。那时提倡研究传统文化，跟现在的舆论环境大不相同。但我们顶住了压力，继续走我们的路。而且坚持我所倡导的"虚体办实事"和"龙虫并雕"的宗旨，对传统文化抱着实事求是的态度做我们的学术研究。我在第八届全国政协常委会的一次大会上发言说，对中国传统文化应当抱三种态度，即分析的态度、开放的态度、前瞻的态度，赢得大家的好评。

2000年中心更名为国学研究院，我又担任了院长的职务，第二年国学研究院开始招收博士研究生。从此，我更自觉地将传承中国优秀传统文化视为己任。当2005年以后国学热兴起后，我明确反对把传统文化商品化，用来赚钱。我在一次国学研究院的开学典礼上说我们国学研究院不炒作，不跟风，不凑热闹，不赶时髦。其实这是我一贯的主张，直到今天仍然是我们奉行的宗旨。

2009年成立北大国际汉学家研修基地，这是国家汉办跟北大合办的面向国外汉学家的高端研究基地，又任命我为主任。从此，我将中国传统文化走出去视为己任。国学研究院组织校内三十六位教授用六年时间撰写的《中华文明史》四卷本，于2006年出版后颇受好评，现在已被国外汉学家翻译为英文和日文，分别在剑桥大学出版社和日本潮出版社出版，还有四种译本将陆续出版。这是我们为中国文化走出去所作的贡献，也是北大人文学科整体实力的展示。那六年很辛苦也很愉快，我们充分发挥学术民主，鼓励作者们写出自己的独到见解，同时又组织了几十次研讨会，对每一章的初稿都认真讨论，提出意见和建议。由于我除了自己撰稿之外，还担负着统稿的任务，对每一章每一节都得认真阅读，这使我自己更深入地接触了本行之外的史学、哲学、考古学、民族学以及科学技术史方面的学问，我的眼界开阔了许多。这件事是跟着我主编《中国文学史》之后做的，前后连续的两项工作，扩展了我的学术格局，提高了我的学术眼光。如果连同随后我在中央文史研究馆主编的《中国地域文化通览》三十四卷，我的研究遂构成既有点、有线又有面的新格局。

主编《中国文学史》是我学术道路的一个新起点。1995年我接受教育部的任务，主编一部中文系本科的面向二十一世纪的《中国文学史》教材。我约请十九所高校的二十九位学者连我一起共三十人共同撰稿，这对我的组织能力是一次重大的考验。我提出“守正出新”作为指导思想，撰写了《编写宗旨》和《编写要点》，并强调此书既是高校教材，又是学术著作，必须站到学术前沿，从而确定了努力的方向。后来又提出“文学本位、史学思维、文化学视角”，以及“三古七段”这一新的文学史分期法，作为这部书的纲领。我说文学本位，是强调文学史是文学的历史，要把文学当作文学来研究，而不是社会或政治的图解；我说史学思维，是强调文学史是文学的历史，要写出文学发展的脉络，而不是作家、作品论的汇集；我说文化学视角，是强调文学的文化属性，应当把文学史放到文化发展的大格局中研究。关于文学史的分期，我要打破相沿已久的按朝代更替来分期的方法，朝代的更替不过是政权的变更，不一定能引起文学划时代的变化，应当以文学本身的变化作为文学史分期的标准。这都是针对当时和此前相当长的一段时间内文学史研究的老习惯而提出来的。由于我注意营造良好的学术氛围，既充分发挥学术民主，又坚持主编的定稿权，所以工作十分顺利，只用了两年半的时间，到1997年夏就收齐了书稿。在1997年秋，我趁着哈佛燕京学社邀请我前往访问研究的机会，带着全部书稿，手提一个行李箱上飞机，准备在美国修改定稿。可是在洛杉矶换乘飞机，行李重新安检时，一名安检员不由分说随便将这一箱手稿分送到不知哪里去了。偏偏把三十人的心血丢失了，急得我到处打听，好不容易在下一班飞机起飞前才找到那只箱子。回国的飞机途经东京成田机场，航空公司的人把住机舱的门，硬要我把这箱手稿托运，我急切中只好用英语跟那人讲道理，我的英语很差，也不知从哪里来的一股气，竟然说服了那人让我把这件宝贝随身带着，回京后第二天就交给了出版社。

哈佛燕京学社为我租的宿舍在学校附近花园街29号，我常到大学的各图书馆阅览室工作，逐章逐节地修改《中国文学史》书稿，有的实在达不到要求便寄回国内要求作者重写。就这样紧张工作了四个月，终于完成了全书的定稿。在哈佛的那段时间真安静，但也真寂寞，原来自由是以孤独为代价换来的。美国领事馆规定，签证必须亲自上门，不接受北大外事处代办。领事馆前的大街排着长长的队，有人从半夜就等在那里。跟签证官谈话时他板着脸，没有一点欢迎的意思。我还没踏上美国的土地，就尝到了冷漠的滋味。在哈佛能够做伴的是严四光先生，他从中国社科院美国研究所来哈佛访问研究，为人厚道热心，给我不少温暖。我曾受到耶鲁大学孙康宜教授的邀请前往演讲，题目就是文学史的编写，也曾在哈佛大学、哥伦比亚大学讲陶渊明。12月中旬波士顿一带下了大雪，我怕冷，便去了西雅图，住在好朋友华盛顿大学教授康达维（David R. Knechtges）家里，他是1988年我去长春参加《文选》第一次研讨会时结识的。从西雅图又去了夏威夷大学，并在这两所大学各做了一次演讲。后来康达维教授翻译了《中华文明史》，于2012年在剑桥大学出版社出版。他说我是他最好的中国朋友，我也将他视为最好的美国朋友。

《中国文学史》出版后，被全国高校广泛采用，多次再版，产生了深远影响。许多年轻学者都说他们是读我的书长大的，这给我莫大安慰。从文学史到文明史，再到地域文化通览，我的学术研究逐步展开。而陶渊明则是这格局中的一个重要的棋子。

1999年我被任命为中央文史研究馆副馆长，同时启功先生被任命为馆长。文史馆是统战性、荣誉性的机构，吸收德才望兼备的耆年硕学之士，以敬老崇文为宗旨，馆员人数只有六十人左右。启先生在得到任命后的第一次馆员会上说：我何德何能，获此殊荣！这也正是我想说的。这是一句真心话，中央文史研究馆成立于1951年，首任馆长是符定一先生，此后的馆长是章士钊先生、杨东莼先生、叶圣陶先生、萧乾先生。此前著名的学者和书画家如齐白石先生、叶恭绰先生、柳亚子先生、徐森玉先生、陈寅恪先生、沈尹默先生、谢无量先生、陈半丁先生都曾是馆员。启功先生是第六任馆长，那时馆员中老前辈如朱家溍先生、王世襄先生、许麟庐先生都还健在。我任副馆长无非是协助启先生做一点杂事而已。在这段时间里，我们编辑了《馆员传略》，还编选了馆员诗词选《缀英集》。2005年启先生仙逝，次年1月我接替他担任了馆长。这时，社会对文史馆的期待以及馆员的情况，都发生了变化。我意识到文史馆应当在文化建设和对外文化交流方面发挥更大的作用，就倡议编撰《中国地域文化通览》，倡议得到各地文史馆的赞同。这套书篇幅很大，每个省、自治区、直辖市各有一卷，港澳台也各有一卷，共三十四卷。香港卷怎么写，主编到北京询问，我回答：突出两点，一是国家认同，一是文化认同，这两点都得到贯彻。我写了全书“总绪论”，还到广西、甘肃、四川、香港等地召开了分片的研讨会，跟作者们认真地讨论书稿。每一卷完成后都在北京讨论过，编委们举手表决，通过的才交给中华书局出版。就这样，前后花了八年时间，写了一千七百多万字，终于在2014年完成。我从中学到了不少知识，也扩大了眼界，形成了时地互相补充的文明史观，从而对中国文化有了更完整的思考。

我担任中央文史研究馆馆长以后，先后率领多位馆员前往欧洲、亚洲和美洲的许多国家讲学，并与当地文化部门交流工作。所到之处无不受到热烈欢迎，从而切实感受到中华文化的魅力不可低估。我自己也不断地将中华文化放到世界格局中重新审视，我的眼界自然扩大了，胸襟也更宽阔了。

2016年，我又跟其他先生一起主编《中国传统文化经典百篇》，由中华书局出版，精装两册，这使我重温了多篇经典文章，这才发现有些原来能背诵的文章已经背不下来了，另一些比较生疏的文章想背诵也已不可能，毕竟是老了，不承认不行。

三

孔子说：“吾十有五而志于学，三十而立，四十而不惑，五十而知天命，六十而耳顺，七十而从心所欲，不逾矩。”他没说八十如何，因为他只活到七十三岁。如今我八十岁了，八十如何呢？

从对待个体生命的态度说，应当像陶渊明所说的那样：“纵浪大化中，不喜亦不惧。应尽便须尽，无复独多虑。”他所谓“纵浪”就是放浪的意思，意谓放纵而不受拘束，这是道家所追求的自由境界。《列子·天瑞》说：“人自生至终，大化有四：婴孩也，少壮也，老耄也，死亡也。”到了老耄之际，一切顺其自然是最聪明的态度。《庄子·大宗师》郭象注“真人”说：“与化为体者也。”那么，“纵浪大化”似乎又有与天地阴阳融为一体的意思。试看天上的鸟，地上的树，一切动植物都是有生命的。就连那天上的日月星辰、云雾雨露，地上的山脉丘陵、江河海洋，又何尝没有生命呢？它们都有生有死，都在以不同的方式表达感情。我们其实是生活在天地万物的对话之中，应当学会聆听它们的对话，加入它们的对话，成为它们的朋友。这就是所谓“民吾同胞，物吾与也”。

我不喜欢辩论，更不喜欢竞争。各人有各人的造化，各人有各人的条件和能力，互不妨碍，有什么可争的呢？你种你的萝卜，我种我的白菜，互相补充不好吗？天地广阔无垠，谁也不妨碍谁。《庄子·德充符》“游心乎德之和”，杜甫诗曰“水流心不竞，云在意俱迟”，正合我的心意。我喜欢合作，喜欢共赢。既为自己的成绩而高兴，也为别人的成就而欢喜，罔谈彼短，靡恃己长，这是我的信条。当然，也会有人不喜欢我，有人不赞成我，但我绝不向人解释，更不跟人辩论，我不愿意把生命浪费在无谓的争吵上，借用一句土话，我没有跟任何人结梁子。所以我活得很自在。

人的生命是什么？是大自然变化中的一瞬，是大自然的一个极其渺小的细节。地球不过是人的一个栖息地而已，栖息过后把自己交还大自然来安排就是了。这似乎回到了老庄那里，但我并不完全皈依道家。我近来反复思考儒释道三家的道理，儒家讲仁义，释家讲慈悲，道家讲逍遥。仁义、慈悲、逍遥，三者本有融通之处，又各有重点。人不可无仁义之心，亦不可无慈悲之念，至于逍遥则是精神自由的境界，仁义、慈悲都不是被迫的，而是自然而然的，是在一种极度自由的放松的状态下，无须思考、无须衡量，类似本能的行为。逍遥而仁义，才是最大的仁义；逍遥而慈悲，才是最大的慈悲。所以，我更服膺道家，但那是融合了儒家和释家的道家，可以说是“新道家”吧。

罗素有一篇文章题为《八十岁生日的反思》，文中说：“人一到八十岁，便被认为大部分该做的事已告完成，这应是持平之论。”又说：“我的工作即将接近尾声，而我能够对自己的工作做整体的回顾的时刻已到。”他生于1872年，八十岁那年是1952年，他活到1970年，享年九十八岁。八十岁以后又活了十八年，这十八年他从事许多社会活动，提倡和平主义，反对战争，反对核武器，反对越战，又创造了人生新的辉煌。

我无意跟罗素相比，在他面前我显得很渺小，我有两句提醒自己的话：“常怀感激之心，长存谦逊之意。”年轻时自己预期的寿命是六十岁，没指望活到今天，更没想到还能取得一点成绩。我应当感谢许多人的帮助、指教、成全。我知道自己做得还很不够，留下许多遗憾，只不过大家对我宽容而已，所以应当谦逊、谦逊又谦逊。

一个人能活下来有偶然性。我从小体弱多病，小时候生过两次大病，险些丢了性命。一次高烧不退，有一段时间简直昏死过去，母亲和姐姐都以为我不行了。我自己的感觉则是一片大雨自天而降，伴着刷刷的雨声，如珠帘般遮住了视线。难道这就是濒死的景象吗？如果真是这样，那么死亡也没有什么可怕的了。这场病多亏一位中医聂大夫治好，他用了猛药还是无效，说我家煎药的方法不对，便亲自到我家来煎。我吃下去很快就退烧了，病好后听到庆祝日寇投降的锣鼓声。如果没有聂大夫，如果他的医德和医术不是那么高，我的生命早就终结了。

八十岁以后不应停步，倘若身体还可以，应当继续努力完成已有的计划，还有一些研究工作等着我去做。同时抽时间练练书法、写写诗，这是我自幼的兴趣。我喜欢西方古典音乐，希望有时间多听听巴赫、莫扎特、贝多芬、肖邦、柴可夫斯基的心声。再就是想把巴尔扎克、狄更斯、雨果、托尔斯泰等人的小说温习一遍。

吴为山先生应王能宪之请为我塑了一尊铜像，为此我写了一首自嘲诗，题为《应王能宪教授之请，雕塑家吴为山为我塑铜像，形神兼备，憨态可掬。遂效白乐天、苏东坡和陶体，兼采启功俚语笔调，口占一诗，以致谢意。时八旬正寿》，抄录如下，以博一粲：

日月如穿梭，
倏尔髦朽状。
何德复何能，
巨擘为造像。
昔有戴安道，

建康称宗匠。[1]
今有吴为山，
写意不相让。[2]
一瞥似闪电，
慧眼何明亮。
妙艺捏又搓，
须臾见模样。
笑尔臞如鹤，
鼻准大无当。
笑尔目昏眊，
何堪察悖妄。
智短且乏术，
无端恐招谤。
腹笥既空疏，
岂敢频亮相。
吴兄多美意，
殷勤寄厚望。
同学诸胜流，
祝尔寿无量。
桃李已盛开，
湖水正荡漾。

① 戴安道所塑佛像藏于建康瓦官寺，与狮子国玉佛像、吴道子维摩诘壁画并称三绝。

② 吴为山倡导写意雕塑，所塑南京大屠杀组雕、齐白石像、林散之像及睡童，享誉中外。

相期十载后，
重聚各无恙。

吴先生的雕塑追求神似，他的作品享誉世界，他对这件作品挺满意，据说要摆在他个人在南京的展厅里。但我不好意思摆出来，只将“自己”放在一个书箱里，与书为伴。

谢谢您，林庚先生

这段时间我正在国外讲学，有一个多月没去看望林先生了。今早打开电脑，一位同事来信告诉我林庚先生逝世的消息，不禁一怔。临出国前我去辞行，林先生还说自己精神很好，怎么忽然间就撒手而去了呢？我马上往林先生家打电话，接电话的是家里的帮工，来自安徽的农村姑娘小黄。据小黄说，林先生是昨天傍晚去世的，去世前没有任何痛苦，只是觉得累，没有精神，过了一会儿就走了。她说这几天林先生常常念叨：“月亮怎么还没圆呢？”小黄回答他：“中秋那天，陪您到户外看月亮吧。”可惜就在中秋前两天，林先生却走了，带着这样一个期盼走了。小黄还说，这几天林先生不止一次地说：“谢谢你，小黄。”似乎是有什么预感似的。

放下电话，思绪万千。林先生走得那样安详，那样从容，没受任何折磨，这是他修的福气，我不应该太难过。但是，今年春天，我得意的学生孟二冬去世了；秋天，我敬爱的导师林庚先生又去世了。一年之内失去一师一生，真受不了。孟二冬的去世引起全国的关注，可谓虽死犹荣。林庚先生同样是虽死犹荣，凡是聆听过他教诲的人，凡是读过他的著作的人，凡是见过他的人，凡是知道他的人，都会为这样一位诗人、学者和教育家的离去而感到悲痛。这样纯真的、诚挚的、一片冰心的、无须别人设防的人，今后恐怕是越来越少了。

林先生去世前惦记着月圆！这是多么富于诗意和哲理的死亡。前两年他就曾跟我讲，他要做的事都做完了。是的，他没有别的牵挂了，只牵挂着再欣赏一次月圆的光景。李白喜欢月亮，喜欢李白的他，也同样喜欢月亮。李白醉后入水捉月而死，他虽没有这类传奇，但“月亮怎么还没圆呢？”这简直就是一句绝妙的诗。月圆，这是一位摆脱了世俗之扰，热爱大自然，欲突破时空的局限，翱翔于浩渺之宇宙的诗人最后的愿望。

林先生临终时感谢一位服侍他的帮工，一位看上去很憨厚的农村姑娘。我知道他的感谢是真诚的，是郑重的。他总是感谢别人，他跟我说过自己很幸福，有两个好女儿，感谢她们十分细心地照顾他、孝敬他。我们做学生的，平时打个电话问候他，他总是说“谢谢！”我们到他家看望他，他总是站起身来迎接，我们离开的时候，他总是将我们送出大门，说声“谢谢！”他的道谢并不像有的人那样，只是一句挂在嘴边的口头语，他是真的感谢，我从他的眼神感觉得到。

感谢，是对待生活的一种态度。懂得感谢，是一种品格，是一种境界。我们生在世上，随时随地都在接受着别人的恩赐，我们吃的穿的住的用的，许许多多都是别人劳动的成果。我们的知识，来自别人的智慧。别人对我们的善意，别人对我们的微笑，都注入我们的生命之中，给我们以力量。至于那美妙无比的圆圆的满月，那洒遍大地的灿烂的阳光，那和风，那细雨，那春之花，那冬之雪，哪一样不值得我们感谢呢？懂得感谢才懂得人生，懂得感谢才算摆对了自己和世界的位置，懂得感谢才活得更有意义。

林先生常常感谢别人，其实我们大家才真的应当感谢他。感谢他所营造的诗的氛围，感谢他对年轻人的那一份特别的呵护，感谢他给我们留下美好的回忆。

北大中文系要我代系里拟一副挽联。林先生是一位新诗人，他劝我用写旧诗的精力去写新诗，师母的墓碑上他的题辞便是两句新诗。所以，我拟挽联应当用白话，用新诗体，这虽然不合乎挽联的体例，但是一定合乎林先生的心意。挽联是这样的：

金色的网织成太阳，那太阳照亮了人的心智

银色的网织成月亮，那月亮抚慰着人的灵魂

上下联的开头用了林先生自己的诗句，后面表达我们对他的谢意。谨以此联寄托我本人以及北大中文系全体师生对林先生的悼念。

2006年10月5日午后

祝贺启功先生九十二岁诞辰

启元白先生以九十二岁高龄，同时出版了六部新著，涉及多个学术领域，这真是一件应当祝贺的事情！启先生的学问博大精深，越是跟他接近，越会产生高山仰止的崇敬之情。启先生不仅是中国传统文化的一代宗师，而且他本人就是历史的一部分。从最近出版的这部《口述历史》中，我们可以知道启先生是近百年历史的见证人，同时也是为这段历史特别是为这段文化史作出重要贡献的人。无论谁讲近百年学术史，不能不讲他；无论谁讲近百年艺术史，不能不讲他；无论谁讲近百年教育史，也不能不讲他。

启先生今年有六部新著出版，表明他老人家精力依然充沛，这是特别值得我们高兴的事情。启先生有许多优秀的弟子，我相信他老人家的学术必定能够发扬光大。

悼念启功先生：答《人民政协报》记者

记者： 袁先生，启先生近年虽然身体不是很好，但是去世的消息传来，大家还是觉得非常突然，人们心里好像很难接受这个事实。

袁行霈： 启先生去世的噩耗我很快就知道了。虽然已有心理准备，但是总希望他还能像以往几次一样奇迹般地恢复过来。像启先生这样的好人，大家都希望他长寿更长寿。佛教有“无量寿”的说法，这三个字难道不该在他的身上应验吗？在这之前，当我去监护室看望他并呼唤着他的时候，他握着我的手略微用了一点力，似乎知道是我，这给了我一点幻想。没想到他终于还是走了！我拟了一副挽联：

学为人师一代名师归香国，
行为世范千古型范仰岱宗。

记者： 启先生是一位长寿的老人，九十三岁，这个年龄本身就意味着很多东西。“学为人师，行为世范”是启先生为北师大题写的校训，您写的挽联把它嵌进去了，这个校训正是启先生本人学养和情操的写照。“香国”应该和佛教有关系？

袁行霈：“香国”即《维摩诘经》所谓众香国，乃佛国之名。启先生在佛教方面造诣很深，所以我用了这个词。

记者：想起去年和您一起拜访启功先生，那是《学术家园》要开《文史余谈》栏目之前，您带我去拜访启先生，请他支持。那一次见面我至今记忆犹新。启先生当时已经行动不便了，但脑子很清楚，讲话滔滔不绝，绘声绘色。

袁行霈：当天晚上回想那次谈话，才意识到启先生一定是很累的，后悔我们跟他谈话的时间太长了。启先生待人宽厚仁慈，不论是什么人，他都一视同仁。他有自己待人的礼貌，不愿意冷淡了来客，他总是找些有趣的话题来谈，或者讲一些典故，让人在不知不觉中得到教益。你是第一次拜访他，又是跟他商量在《政协报》为中央文史研究馆开辟《文史余谈》专栏，他更不愿意怠慢你，但我想他是强打精神。

记者：是啊，他要和每一个人结善缘。那一次还请启先生为《文史余谈》题签，我非常感动，启先生早早就把题签准备好了，还设计了两种样式请我们选择，我最后挑了一个比较古典的，就是现在《文史余谈》栏目用的这个。

袁行霈：启先生总是这样细心替别人着想。开辟《文史余谈》已经一年多了，许多馆员都写了文章。这是我们面向社会的一个窗口。

记者：常听人谈到启功先生不喜欢别人称他爱新觉罗，他自称姓启名功字元白。这些年不少人都往贵族出身上沾，他老人家却避之唯恐不及，从中能看出启先生的品格来。启先生不但不沾祖宗的光，还有批判精神，他谈起掌故来是用一种独特的幽默视角。启先生听到、看到和知道的太多了。

袁行霈：像启先生这样的老一辈学者，心中都有一笔新旧中国对比的账，他们的爱国是从亲身经历中自然形成的感情。启先生是传统的，但不是守旧的。即使在学术上，他步入老境之后仍然勇于创新，只要读一读他近来发表的《读论语献疑》这篇论文就明白了。

记者：启先生是著名的学者、书法家、教育家，但他并不是困守书斋的学者。在晚年，他还担任着一些重要的社会职务，比如，他是中央文史研究馆的馆长。

袁行霈：中央文史研究馆是国务院直属的统战性、荣誉性的文史研究机构，1951年由毛主席和周总理等亲自倡导成立。启先生是中央文史研究馆的第六任馆长，是中央文史研究馆的旗帜，也是全国各地文史研究馆的旗帜。近年来人们对文史馆了解更多了，这跟启先生的影响力有很大的关系。2001年中央文史研究馆成立五十周年，朱镕基总理以及其他领导同志接见我们，朱总理亲自搀扶启先生步入纪念会会场的情景，十分感人。2003年中秋节，温家宝总理到国务院参事室和中央文史馆跟大家座谈，启先生的一席话说出了我们的心声。启先生为文史馆的工作付出了很多心血。启先生领导中央文史馆，紧紧把握“敬老崇文”的宗旨，馆员各展所能，各尽其力，在各自的领域内弘扬中华民族优秀传统文化，发挥了很好的作用。中央文史馆编辑的《崇文集》（馆员论文集）、《砚海联珠》（馆员书画集），以及先后在《人民日报》（海外版）和《人民政协报》上开辟的专栏《文史漫笔》和《文史余谈》，都产生了良好的影响。启先生不仅亲自为我们的出版物撰序、题写书名，而且总是带头撰写文章。在启先生的领导下，中央文史馆还配合政府的中心工作，举办了一些具有社会影响的活动，如2003年向抗击“非典”的白衣战士捐赠书画和捐款活动，2004年纪念邓小平诞辰一百周年全国文史研究馆书画展，2005年向救援印度洋海啸的人员捐赠书画的活动，等等。《砚海联珠》这个书名以及两次开辟的专栏的名称都是启先生亲自确定题写的。我原来提议的书名是“砚海缀珠”，启先生改了一个字，不仅意思更好而且平仄也调了。启先生在文史馆内享有极高的声望，馆员们爱戴他；他对馆员们也十分亲切。许多馆员的书画集和著作请他撰序或者题写书名，他都爽快地答应。一些馆员举办书画展览，他只要身体能支持，总是亲自出席开幕式。德高望重的朱家溍馆员逝世，故宫博物院召开追思会，他因病不能出席，但写了书面发言，感人至深。从前年开始，中央文史研究馆先后组团到日本、欧洲访问交流，同时举办学术演讲，今年冬天还将在香港、澳门举办全国文史馆书画联展。中央文史馆的活动都向启先生做过请示汇报，并且总能得到他明确的指示。

记者：启先生不仅在国内学界拥有崇高声望，他还积极致力于国际文化交流。

袁行霈：启先生也是活跃在国际学术界和文化界的具有国际影响的人物。他本人担任副馆长和馆长以来，多次出国从事文化交流活动。例如，1995年随同全国人大常委会委员长乔石访问日本、韩国；1998年率领中央文史研究馆代表团赴新加坡访问，并举办“中央文史研究馆名家书画作品展览”；1999年12月应邀赴美国参加“中国古书画艺术研讨会”。在国外的知识界，启先生的知名度很高。

记者：启功先生是直到生命的最后一段时间，都在关心着文史馆的工作。这是我在那次拜见中感觉到的。那次启先生几乎无话不谈，给我的印象是您和他不仅是工作的关系，你们的相识还远远早于在文史馆共同工作之前。

袁行霈：我和启先生相识，已经快三十年了。记得第一次拜见他是在1978年，他住在小乘巷简陋的平房里。那天，启先生显然是因为太忙而错过了正常的用餐时间，正在吃片儿汤。他一边继续吃，一边跟我们聊天，海阔天空，妙趣横生。他的随和，他的睿智，他的坦率，使我终生难忘。后来在政协开会时常常遇到他，他指导的博士生答辩我也参加过，1999年我入文史馆以后跟他的接触就更多了，我一直将他视为自己的老师。启先生说话诙谐风趣，凡是跟他接触过的人都有同感。我觉得他不仅诙谐风趣，还有一股刚正之气，对社会上的一些不良现象针砭讥讽，入木三分，这很难得。

记者：我只近距离见过一次启先生，听他谈过一次话。尽管那时启先生已是在病中，但他留给我的印象太鲜明生动了，以至于猛然听到逝世的消息，竟不能相信这是真的……

袁行霈：一位如此正直、博学、儒雅、谦虚、和蔼、风趣，如此与人为善、乐善好施的大师，竟然离开我们永远地走了，一时真不习惯。启先生的人生太丰富了，太生动了，有太多值得回忆的细节了，他一旦离开我们永不回来，很难适应。他的逝世不仅是中央文史研究馆的损失，也是国家的损失，不可弥补的损失。纵观历史，像启先生这样的人，不是能够常常出现的。讲到这里，我不禁想起他拄着手杖，顽强地走在路上的情形。背有点驼，步履有点蹒跚，但脸上总是带着他所特有的慈祥的微笑。

悼念朱家溍先生

今天在这里举行朱季黄先生献身文博事业座谈会，我首先想到季黄先生的为人。在我的心目中，他是高雅而又朴实的学者，在朴实的言语中渗透着高雅的气质，在庄严的仪表下透露出亲切的表情。他那挺拔的身躯，配上无论何时看上去都很整洁、合身、得体的衣着，带着浓厚的书卷气，让人肃然起敬。

季黄先生在文博领域的造诣和贡献，在座的许多专家都比我清楚。他是学术界公认的大师，是国宝级的人物。他善于将文物与典籍结合起来进行考证研究，他不仅熟悉文物，而且有很深的文献功底和渊博的历史知识，所以才能左右逢源。重温他的《清宫退食录》，我们可以明白，如果不是数十年出入于故宫，与清宫的档案、文物朝夕为伴，是写不出这样的书来的；如果不是熟读各种文化典籍，也是写不出来的。他在清代文物鉴定方面的突出贡献，与他对清史和清朝档案的深入研究，有密不可分的关系。

我跟季黄先生相识很晚，那是在1998年北大百年校庆期间举行的汉学研究国际会议上，那次会议有来自十七个国家和地区的第一流学者参加。会议期间的一天晚上，我们请季黄先生和他的朋友们演出北昆《单刀会》。他扮演的关公，在豪放中带几分儒雅，一招一式都很讲究，再加上他那苍劲的嗓音，感动了许多听众。那次见面时我们就大学中文系学生学习和写作古典诗词，进行了一番谈话，他很重视对青年学生进行传统文化的教育，给我留下深刻的印象。

1999年我进入中央文史馆以后，跟季黄先生的接触多了起来，对他的尊敬也与日俱增。在一次讨论传统文化的继承与创新的座谈会上，他强调不能把创新跟继承对立起来，没有继承就无从创新。会后我仔细揣摩他所临摹的韩滉《五牛图》，以及他那苍劲古朴的书法作品，觉得他不仅尊重我们民族的文化传统，而且是优秀民族文化的杰出传承者。

2003年初，季黄先生开始感到身体不适，声音沙哑，但他坦然面对，还是照旧上班，不辍笔耕，照旧参加中央文史馆的活动。在那年党中央和国务院召开的元宵招待会上我见到他，他依旧是那样的潇洒。当问起他的嗓音时，他只是淡淡地回答：前些时候说话多了，累的。在此后不久文史馆举办的笔会上，他依然兴致勃勃地写下好几幅工整的楷书作品，他那聚精会神的表情，至今仍然清晰地印在我的脑海里。他写完字以后，小心地收拾毛笔的情形，也让我感到老一辈学者对文具的珍惜，这其实是对文化的尊重。

季黄先生不仅把自己的一生贡献给文博事业，而且把自己祖上传下来的价值连城的文物和善本古籍无私地捐献出来，这已成为文博界的美谈。他说这些东西捐献给国家，可以得到更妥善的保存，也可以供更多的人研究，他“感到轻松了”。这样一句平淡的话，显示了极其高尚的精神。我敬仰他的学问，更敬仰他无私的奉献精神。季黄先生的住房很狭窄，但他从来不愿意为这样的私事麻烦公家。当文史馆的老馆员许麟庐先生提醒我，应该为他调换住房时，我立即向有关领导反映，但他本人断然拒绝了，并强调换房不是他本人的意思。他直到临终还住在几间小平房里，让人在痛惜之余更增加了对他的敬意。在他的心里，公和私分得很清楚，为了私事他不肯麻烦别人，更不肯麻烦公家。在他那里只有贡献没有索取。他为我们作出了大公无私的榜样。

季黄先生病重住进305医院以后，我曾前往探视。他的体力和精神都已经很衰弱，我预感到这是我们的永诀，有一种说不出的伤感。像他这样的大师不知道多少年才能出现一位，真不舍得他就这样与世长辞！但他还是永远地离开了我们。

现在我们在这个庄严的大厅里隆重地纪念他，共同回忆他的事迹，赞扬他的贡献，用他的精神激励大家，我相信他的在天之灵一定会感到安慰。

（在纪念朱家溍先生献身文博事业座谈会上的讲话，2006年3月17日）

鸽哨声歇：沉痛悼念王世襄先生

惊闻畅安先生仙逝的噩耗，悲痛不已！

畅安先生是中央文史研究馆馆员。我从1999年入馆以来，向他请教的机会多了，对他的为人和学识也增加了更直接的感受。但要将他一生的贡献写出来，却又深感力不胜任，他的学术领域实在太广了，并非如我这样的后辈所能为。悲痛之余，还是想说说自己的心情。

畅安先生对明式家具的独到研究，早已得到国内外学术界的公认，毋庸赘言。我想说的是他的研究成果带动了古典家具这个行业的兴起，为中国经济的发展作出了不可忽视的贡献。他的《明式家具研究》《明式家具珍赏》出版之前，人们对这一部分珍贵文化遗产的价值还缺乏足够的认识，那些遗存下来的古典家具没有受到重视，新制的仿古家具很少。正是由于他对明式家具的研究和鉴赏，才在社会上带动了一场复兴古典家具的热潮。目前，不仅老的古典家具成为收藏的热门，价格节节攀升，不知翻了多少倍，而且新的仿古家具行业也蓬勃发展起来。在许多地方都可以看到古典家具所营造的浓郁的中国文化情调。制作古典家具的工厂、出售古典家具的商店随处可见，那些家具店的老板在介绍他们的产品时无不标榜畅安先生，还常常看到老板的桌子上摆着畅安先生的大作。我觉得他们几乎将畅安先生当成了自己这个行业的守护神一般供奉着。我查不到这个行业究竟有多大的规模，更不知道其在国民生产总值中所占的比例、其出口所带来的经济效益，以及其所带来的就业机会有多少，但可以推测数字是惊人的。毫不夸张地说，畅安先生的看似无关紧要的学术研究，为国家作出了重大的贡献，也为人民造了福。至于古典家具热的文化意义，对提高人民大众审美水平所起的作用，就更无法衡量了。

社会上流传着一种对畅安先生赞美的说法，说他是玩家“玩出了学问”，这不无道理。他在给北大附小（校舍即畅安先生的祖产王家花园）的题词中也说自己当年“玩物丧志，业荒于嬉”，并告诫学生要好好学习。但是如果真的以为他是在玩儿，恐怕就不准确了。这个“玩”字应当理解为《文心雕龙·知音》中使用过的“玩绎”，绎释为推求，就是研究的意思。玩而绎，绎而玩，这是一种艺术的、学术的，乃至人生的境界。其实也就是以鉴赏的态度对待自己的研究对象，全身心地投入其中，乐此不疲，这也可以说是一种敬业精神吧。由此可以看到畅安先生是一位多么可敬可爱的性情中人。“子曰：知之者不如好之者，好之者不如乐之者。”（《论语·雍也》）畅安先生就是这类乐之者。他爱好的是中国文化，物质的与非物质的，有形的与无形的，他为保护和弘扬中国的这份文化遗产竭尽毕生之力。他的每一部书，都有很高的学术性，也有很高的鉴赏性，能把这两者完美地结合起来的学者并不多。畅安先生的可贵，他之所以特别使人爱戴，这正是一个重要的原因。

2000年我们一起乘飞机到郑州参加全国文史研究馆工作会议，座位紧挨着，一路之上几乎都在聊鸽子，他惋惜中国的观赏鸽快要绝种了。他编著了《明代鸽经·清宫鸽谱》和《北京鸽哨》，其中的插图十分精美，看了他的书我才知道中国美丽的观赏鸽竟有那么多种类，鸽哨的制作竟然如此精美。那次我还向他请教有关明式家具的问题，他谦虚地说现在已有人对此进行了新的研究，在式样上也有所创新，自己的知识已经陈旧，应当与时俱进。一位具有开创意义的大家说出这样的话来，让我这后辈更加敬佩。那次郑州之行，畅安先生见到不少养鸽的朋友，心情很愉快，我也为他感到高兴。

畅安先生自1994年进入中央文史研究馆，十五年来参加了许多文史馆举办的社会活动，也为文史馆留下一些书法作品，他的一件条幅自书诗至今还悬挂在会客室里。在此期间，他荣获荷兰2003年“克劳斯亲王奖最高荣誉奖”，此次评奖的主题为“工艺的生存与创新”。因为他的创造性研究已经向世界证实：如果没有王世襄，一部分中国文化还会处在被埋没的状态。颁奖典礼是在荷兰使馆举行的，那天王世襄先生依然是一身中式服装，一投手一举足都透露出承载着中国文化的大学者所特有的从容与潇洒。他用流利的英语读了事先写好的答辞，并以他所珍藏的四枚鸽哨相赠。事后又通过国务院将他获得的10万欧元奖金（约合一百万元人民币）全部捐赠给中国希望工程，在福建建立了一所“中荷友好小学”。我知道这整个过程，参加了那次典礼，为他的风采以及高尚的人格所倾倒。

国务院领导对畅安先生十分关心，今年给予副部级医疗待遇，使他在住院医疗期间得到更为完善的治疗和护理。这件事显示了政府对馆员的重视和关心。文史研究馆是统战性、荣誉性机构，以“敬老崇文”为宗旨。文史馆以畅安先生为荣，每当有人问起我文史馆是什么机构时，我只要举出包括他在内的几位馆员的姓名，人们马上就明白了。畅安先生以九十五岁高龄辞世，乃是我们的一大损失。刚才取出他的《明式家具研究》和其他几部书，摩挲之际，仿佛又看到他的笑容，他所喜爱的鸽哨声仿佛又回荡在耳际。万般感慨，催我写下这篇短文。言不尽意，恐不能表达我的敬意和悼念之情于万一。

2009年11月30日

深切怀念林焘先生

林焘先生是我在北大最早接触的老师之一，那时候一年级有一门写作课，林先生就是这门课的老师。又因为我的妻子杨贺松长期跟他在同一个教研室工作，所以五十三年来我们一直保持着密切的联系，无论是快乐还是忧愁都可以向他倾诉。听到他逝世的消息，我们的悲痛难以言说。

一年级的写作课上，林先生总共布置了九篇作文。因为我们都是抱着当作家的愿望报考中文系的，所以把每一次作文都当成施展文采的机会，写得比较长。交上去以后便眼巴巴地等待着发还，并期待着好的评语。林先生的批改是用毛笔沾了红墨水写的，改得很认真，有时改得整篇文章一片红，大到主题、段落，小到语法、标点和错别字，各种问题都逃不过他的眼睛。还有那总评，言简意赅，十分中肯，即使是批评也让人觉得温暖。我估计每改一篇作文要花费他一个多小时的时间吧。就这样，一年下来改掉了我写作中的许多毛病，今天我之所以能写出通顺的文章，应当感谢林焘先生！

1958年秋天开学不久，学校决定中文系一、二年级的学生到京西煤矿半工半读。我和林先生是二年级的授课老师，便跟随同学来到城子煤矿。我们住在矿上职工业余学校的校舍里，每周三天下井劳动三天上课。下井前和工人师傅一起先饱餐一顿，便到矿井入口处领取工作服、防水靴、安全帽，腰里挂一个七斤半重的蓄电池，一根电线连到安全帽上，帽子前方是一盏灯，井下的照明，就靠各自头上的这盏灯了。有一天，班上需要两个人去主巷道推煤车，这是一件需要很大力气的活儿，派年纪轻的学生比较合适，但是在井下每个人都是满脸煤灰，师傅分不出谁是老师谁是学生，随手一指，就指到林先生和我两人。而且没有交代应当注意的安全事项，便带我们来到主巷道。当我们两人推着那十几辆装满了煤炭的车，在铁轨上走了一小段以后，便是一路斜坡，沿着斜坡向下走的时候，其实并不是我们推车，而是煤车带着我们在黑暗中飞驰。我们不知道这时应当跳到车上（即使知道也不会跳），只能扶着车身在铁轨的枕木上奔跑，耳边风声呼呼的，心里很害怕。真正需要力气的活儿是将煤卸完以后再把空车推上来。我们用肩膀顶在最后一节车厢上，一步一步地往上推，觉得有千钧之重。稍一不慎，煤车便会滑下来将我们压在车下。我们一起推呀推呀，不知过了多久总算到达了目的地。当我们停下来时，在各自头顶的灯光之下，一边擦汗一边相视而笑，庆幸完成了这项繁重的任务。我和林先生在这段时间里共同体验了煤矿工人劳动的艰辛，更加觉得那灯光下闪闪发亮的煤块有多么美，也更拉近了我们之间的距离。后来我们回忆起这段经历，林先生没有任何抱怨，只说了一句话：“像是在推一座山。”说完以后我们都笑了。

林先生是一位十分乐观而随和的人，他的脸色白皙而红润，衬托着一头银发，很有书卷气。他总是带着笑容，从未显露过愠色，也从不严厉地反驳别人。当我还是学生的时候，元旦上午总要跟班上的一些同学到各位老师家拜年，老师们摆出糖果招待，还会装一些在我们的兜儿里。林先生家是我们必到之处，在那里不仅可以吃到糖果，还可以请林先生和他的夫人杜荣教授一起唱昆曲。他们有求必应，往往是林先生吹笛子，杜先生唱，那清脆的笛声和婉转的唱腔，使我们如醉如痴，领略到一个有传统文化教养的家庭特有的氛围。等我做了老师以后，特别是我和杨贺松结婚以后，便成了林先生家的常客。有一年他邀请我们到他家一起过年。那正是三年困难时期，粮食和副食都很短缺，过年请客的难处可想而知。北大食堂过年有加餐，多两道荤菜，凭着加餐券可以打包带出来。我们便从食堂打了菜带到林先生家，算是礼物。那个除夕，林先生家除了我们只有他的堂妹和妹夫，没有别的客人。林先生这样亲切地接待我们，让我们感到和他好像是一家人一样。

“文革”以后，中文系的老师们总是在大年初一给老先生拜年，燕南园、朗润园、中关园都是必到之地，往往要跑一整天。燕南园是我们最先去的，王力先生一改平时的严肃，笑得很灿烂；林庚先生在平时的和蔼之外多了几多喜气，会有些带着诗意的话语迸发出来；林焘先生家则是我们最可以放肆的地方，我们的话比他的话还多。遇到林先生兴致特别高的时候，还可以不顾他们年事已高，请他和杜先生再来一段昆曲呢。

如今，住在燕南园的王力先生和王师母去世了，林庚先生和林师母去世了，相比起来最年轻的林焘先生竟然也溘然长逝！我们再也看不到他脸上泛出来的笑容，听不到他的笛声。西晋向秀撰《思旧赋》，抒发由亡友邻居的笛声引起的悲恸，结尾说：“听鸣笛之慷慨兮，妙声绝而复寻；停驾言其将迈兮，遂援翰而写心。”燕南园里林焘先生的情况跟向秀所写的环境背景很不同，本不应当相提并论，但引发思旧之情的都是笛声，所以我还是不免想起这篇名赋。我们再也听不到林先生的笛声了！且让这笛声留在我们的记忆中，作为永久的怀念吧。

忆三哥

三哥名袁行云，六叔家的。我父亲跟六叔是同胞兄弟，两家走得近。父亲曾对我说过他小时候的故事，有一年灯节，六叔手提一只新灯笼，很得意地在院子里玩耍，也许还有点显摆的样子。我父亲便把灯笼接过来左右摇晃一番，硬是把那灯笼点着了，惹得六叔哭了一场，言谈间有点后悔。哥哥欺负弟弟的事原是常有的，鲁迅的散文《风筝》，写他把弟弟正在制作的风筝撕坏踏扁，使他弟弟很伤心。“然而我的惩罚终于轮到了，在我们离别得很久之后，我已经是中年。我不幸偶尔看了一本外国的讲论儿童的书，才知道游戏是儿童最正当的行为，玩具是儿童的天使。于是二十年来毫不忆及的幼小时候对于精神的虐杀的这一幕，忽地在眼前展开，而我的心也仿佛同时变了铅块，很重很重地堕下去了。”此事过后鲁迅的弟弟已经忘却，做哥哥的鲁迅却难忘记，心情竟如此之沉重。我父亲的歉意类似鲁迅，只是程度不同而已。

三哥从来没有欺负过我，我上小学时，有一年暑假贪玩儿，作业没做，快开学了仍不在乎。正好三哥到我家来，不一会儿便帮我做完了，他当了我一回枪手。可惜此后六叔搬回北京，我们一直辗转在山东，从济南到青岛，我再没见到枪手。直到1961年，我在北京参加高考语文阅卷，遇到一位中学老师，他说去年有位二十一中的老师参加阅卷，看姓名好像是你的兄弟，但我不敢肯定。第二年我们都参加阅卷，经那位老师介绍，我们才又见了面，说起来竟是近亲，彼此都很高兴。这情景让我想起唐代李益的《喜见外弟又言别》所说：“十年离乱后，长大一相逢。问姓惊初见，称名忆旧容。”我仔细端详他的相貌，但见他身高体壮，浓眉大目，隆准阔颡，声音洪亮，是那种让人见一面便忘不掉的人。不久我应约到他家去，拜见了六婶，六婶还记得我，六叔已经去世。三嫂和三哥是同一中学的老师，他们跟老人一起住在东城府学胡同，是租来的，和别家共住一座四合院，过着虽不富裕但很平静的生活。

此后我们来往甚多，我渐渐增进了对他的了解。他生性开朗，知识面广，喜欢交往，也很健谈，结识不少学术界的前辈。我则性格内向，不喜交游，也不善言谈。我常常听他讲文坛的佳话，也常跟他一起逛旧书店。他擅长版本目录之学，进了旧书店便在书架前蹲下、站起，站起、蹲下，两条腿不断地向一个方向移动着，眼睛从上到下，一部书一部书地“扫描”，一会儿工夫就看了个遍。那时我们都很拮据，买一部书总要掂量半天，不过他比我舍得花钱。有时他说：“你买吧，我给你掌眼。”可惜我囊中羞涩，虽有他掌眼还是掏不出钱来，错过了许多好书。

三哥的字写得好，文章也写得好，我很佩服他。他曾为年轻朋友题过两句话：“文章不随流俗转，著书须及老更成。”“文革”中他遭到批斗，起因是写过一本名为《欧阳修》的书，收入吴晗主编的“中国历史小丛书”中，由中华书局出版。红卫兵说他写欧阳修“只写罢官，不写升官”，真真让人百口难辩哭笑不得。据说红卫兵将砖头用铁丝捆起来挂在他的脖子上，让他承认是为彭德怀翻案，但他还是不承认，终于挺过来了。“文革”结束后他迎来了春天，利用课余时间撰写了关于冯梦龙、许瀚及《书目答问》的论文，又出版了《许瀚年谱》，整理了许瀚的《攀古小庐全集》和《明诗选》(与高尚贤合作)。1979年，中国社科院向社会招考副研究员，他得到张政烺先生的青睐，进入历史研究所。

从此他得以集中精力撰写从二十世纪五十年代就开始的《清人诗集叙录》，白天到各大图书馆看书做笔记，晚上在灯下撰为叙录。他的叙录都是用毛笔写的，以《四库提要》式的文言写成。他所阅清人诗集达四千余种，撰稿二千五百十一篇，共八十卷，将近二百万言。所著录的诗集都是亲自目验过的，有他自己的考证与评价，遇到具有重要史料价值的作品，便摘录下来，正如此书《凡例》所云：“本书所收清人诗集，以内容多涉清代时事与社会生活者为标准。”这既是版本目录学家的著作，也可视为历史学家的著作，兼有《四库提要》和一些朝代的诗歌“纪事”体之长处。遗憾的是，1987年他忽染沉疴，发现时癌细胞已经转移，于次年11月离开了人世。他的门生高尚贤兄帮助他核实了少量文献资料，文化艺术出版社的赵伯陶兄帮他编了人名索引，并作为责任编辑尽了很大的力量。出版的时间是1994年，他竟未能看到。赵伯陶兄在《博览群书》上写过一篇书评，详细地介绍和推荐了此书，指出本书的四个特色：掇拾资料，博采遗闻；考证辨误，纠谬补阙；指示门径，辑佚钩沉；详考流派，纵论诗风。赵氏的说法是很有见地的。

三哥病中我曾到协和医院看望，那时他已经做了手术，病床安放在走廊中。我们彼此百感交集，我不知怎样安慰他。不久他转到另一家医院，下肢水肿，病情已经危急，他自知来日无多，两眼迷惘，但仍透露着睿智之光。“古来才命两相妨”，没过几天他就撒手人寰了。在八宝山的追悼会上，我第一次站在家属的行列里，跟前来悼念的人一一握手，带着无限的惋惜。

如果三哥哪怕多活五年，他必能将所剩的清人诗集看完，必能再写出近千篇叙录，我也能跟他学到更多的知识。每当朋友们说起三哥时，我总要说的一句话是：他的学问比我强十倍。

怀念大师兄

在北大中文系，若论辈分陈贻焮先生只比我高四届，论年龄却长我十二岁。我们又都出于林庚先生门下，对我来说他介于师友之间。称他老师吧，过于严肃了；称他老陈吧，又不够尊重，所以从开始认识他的时候起，我就亲切地称他大师兄。他没有架子，很自然地接受了这个称呼。于是，系里辈分不相上下的人也都跟着叫他大师兄。虽然在社教运动中有人批评过这个称呼带有封建色彩，但我还是依旧“大师兄、大师兄”地叫他，他也依旧愉快地答应着，我们都没有把这种批评当一回事。本来嘛，师兄是事实，大是尊敬的意思，这样富有人情味儿的称呼有何不好呢？

大师兄的好处恰恰是介于师友之间的那种身份，不便麻烦老师的事，例如学问上一些浅显的问题，尽可以麻烦他，他可以结合自己的体会加以讲解。写了论文可以先请他过目，得到他的首肯再呈给老师批改，胆子就壮了几分。这是一般而论，就陈先生而言，这位大师兄又有他特殊的好处，我从他那里得到的鼓励很多，他常常把大拇指一翘，微笑着模仿北方人说：“棒！”这个“棒”字对于我这样做事缺乏信心的人来说真是宝贵。我留校之后第一次正式讲课，他和林庚先生、冯锺芸先生都来听讲，课后一起在林先生的家里小议，他和两位老师都给我热情洋溢的称赞和鼓励，那天他便说了许多“棒”。他做学问重视材料，当年为了撰写孟浩然年谱，钻进图书馆的书库连日查找资料，终于撰成一篇受到广泛称赞的论文。我也学他，入库翻阅了不少稀见的书，开阔了我的眼界。他是写作旧诗的能手，每有得意之作，便用毛笔抄写出来复印若干份分送朋友，见了面还忍不住要念给我听，带着湖南味儿很重的腔调。他曾应张文勋兄之邀赴云南讲学，沿途写了不少诗，回京后竟忍不住在电话里向我吟诵起来。“文革”前，他有时会到我住的楼下大声喊我，约我和他一起在学校附近的乡间小路上漫步，一边走一边听他谈论自己最近的研究心得，他写的关于李商隐的论文中许多观点，我都有幸先听他讲过。

我们曾一起下放江西鲤鱼洲“五七干校”劳动，他身强力壮，总是干最重的活儿。初春，稻田里的水还带着冰碴儿，他便牵着牛在耕田了，冰碴儿和蚌壳的碎片把他的脚划出一道道口子，让人看了心疼。我们到永新县修建井冈山铁路，乘坐的卡车在半路上翻了，我和他都被扣在车下，所幸都没受伤。整顿几天之后重新出发，大师兄跟大队先走了，我陪着几位受了轻伤的女同学晚走几天。当我们几个人临近大队的驻地时，看见大师兄已经在一个路口迎接我们了，这路口距离驻地还有十五里之遥。两侧是高山，一条弯弯曲曲的沙石路伸向远方。大师兄抢去我的行李，和另外一位同学的行李一起，用一根扁担挑起来，颤悠悠地小跑着走在前面，那姿势至今还清晰地印在我的心中。

在大师兄卧病之前一次较长时间的接触是在1997年夏。一天下午我听到楼下有人大声地喊“老袁”，向窗外望去，只见大师兄坐在门口地上，两手撑着地面，身子向后倾斜着。我赶快跑下楼，很费力地搀起他来，请他到我家休息。他说是特地来看我的，刚才爬到另一个单元的楼上去了，现在很累不想再上楼了。我只好搀他走到一块大石头跟前坐下来休息片刻，同时叫一辆出租车，把我们载到勺园去喝茶聊天。那时他已经很胖，气喘吁吁地，好不容易才进了那辆夏利。在勺园的咖啡厅，他直说口渴要冷饮，我便要了冰冻的果汁和冰激凌，一边谈着各自的近况。也许是累了，也许是因为走错了路有些懊恼，那天他的神情惨淡，谈话也不怎么连贯。他知道我将去美国，就和我谈起他在美国的情况，我从他的言谈和表情之中感到他对祖国怀着很深的热爱。我提议一起去看望林先生，便又叫了一辆车来到燕南园62号林宅。他看到客厅里悬挂着师母的照片，深深地三鞠躬。我以前跟大师兄拜访林先生，总是听大师兄滔滔不绝地发表各种见解，这天他的话断断续续的，我和林先生都觉得他病得不轻。我不知道他后来去拜访过林先生没有，因为此后不久我就去了美国和新加坡，将近一年半后才回来。等我再去看他的时候，他已经卧床不起。这样说来，我们那天的谈话竟是彼此之间最后的一次长谈了。

从1957年开始，我和他相处四十多年，得到他不少帮助。这样一位性情中的挚友一旦仙逝，我在悲痛之余不免感到寂寞，用一句山东的土话，“闪得慌”，这种感觉短期之内是不会消除的。

写于2001年

愿他的灵魂升入佛国：悼念伊藤漱平教授

惊悉伊藤漱平教授仙逝的噩耗，悲从中来，许多往事随即一幕一幕地浮现在眼前。

1982年4月，我应东京大学的邀请前往任教，职位是“外国人教师”，这是很特殊的一个称呼，从二十世纪四十年代冰心在东大任教时沿袭下来的。我以这个职位在东大整整工作了一年，到任前的各种手续，包括课程的安排，都是中文系主任伊藤先生亲自办理的。他寄给我的几封书信，是用毛笔写在八行信笺上，文字流畅典雅，书法遒劲妩媚，我猜想他一定是一位中国文化修养超轶的学者。我们初次见面是在成田机场，当我取了行李步入候机大厅，迎面看到一位具有绅士风度的人，手持一张写有“欢迎袁行霈先生”的大纸，带着微笑，像一座塔，稳稳地站在那里，那就是伊藤先生了。我们握手时，我觉得他的手很厚，很大，热乎乎的，这是一位忠厚诚挚的值得信赖的人。这种印象一直伴随着我，并且不断加深。

那时中国改革开放不久，我第一次出国，不懂日语，在日本一位熟人也没有，独自置身在陌生的环境中，未来的一年将怎样度过，颇有些忐忑。这一握手，忐忑之感便减却了不少。果然，在随后的日子里，我们除了一起承担着中国古典文学的教学工作，还诗词唱和，联袂出游，感情日益深厚。是他对中国文化的热爱，把我们连接在一起，我所说的中国文化不仅是他倾注了大量心血的《红楼梦》，还包括中国的书法、诗歌、绘画、古籍、文物，等等。我们的谈话几乎遍及各个领域，他无不表现出极大的兴趣。

最难忘是他陪我到伊势湾附近他老家暂住的情形，那是一个带有浓厚日本情调的小镇，伊藤先生生长的地方，他的父母还住在那里。一座恬静的日式庭院，几间和式的房子，书房里挂着写有“不断书香”四字的匾额，还有一幅立轴，似乎是明人的书法。书架上有不少关于中国文化的书籍，书案上摆放着中式的笔筒，里边插着大大小小的毛笔。老先生不会讲中文，但看得出来他对中国书画有浓厚的兴趣。老先生取出一本册页，上面已有许多题词，书法都是很讲究的。我欣赏之后，便承邀也在上面题字留念，遂写下“寿而康”三个字，可惜没带印章，只落了下款。老先生的笔刚柔相济，那本册页的纸张不滑不涩，写起来得心应手。当晚我就被安排睡在这间书房里，伴着浓郁的书香入梦。令我十分感动的是伊藤夫人带着两位女儿，先已来到这里，为我们买菜做饭，照料生活。顺便说一句，伊藤夫人做的菜不仅味美，而且很有艺术性，用餐的气氛也营造得亲切高雅。伊藤先生不止一次带我到他家用餐，我也就不止一次欣赏了她的手艺。遗憾的是，当三年之后伊藤先生和夫人在北京我的家里用餐时，我们以火锅招待，可惜炭火不旺，水总是烧不开，我们很狼狈，客人却安然处之，从而缓解了我们的尴尬。

伊势湾的旅行还有一个细节，伊藤先生父母家附近有一个设备简陋的海水浴场，伊藤先生知道我喜欢游泳，便带我去那浴场。可是他本人不游，只是坐在沙滩上看着我，并帮我照看衣服。回想起来，我当时太天真了，竟坦然地接受了这样的照顾。让一位长我十岁的日本学者，如此耐心周到地照顾我，至今我还感到有些不安。

我和伊藤先生的诗歌唱和，是难忘的经历。伊藤先生不是那种感情外露热情洋溢的人，相反有点拘谨，但他的心肠是很热的，他的心里充满了诗意。我到东大不久，中国文哲研究会请我演讲，事后在学士会馆午宴。席间我即兴作了一首汉俳，书写在一张餐巾纸上请大家传阅。不知什么时候伊藤先生收了起来，几天之后他来宿舍看望我，从皮包里取出一张纸，上面写着他的一首倭歌，是和我的诗。后来他又提议把我们的诗写在同一张色纸上，一式两份分别留作纪念。他写的色纸上还附有那首倭歌的汉译：

校园里有两排枝叶扶疏的
肩并肩的公孙树。
我们的友谊好比他们的
根柢一样十分深固。
来，斟酒干一杯，为了预祝
我们的友谊永久巩固。

这便是我们唱和之始。此后，只要我有诗相赠，他必有诗回赠。他说自己的诗带有“和臭”，意谓带有日本诗歌的气味，但在我看来是颇有造诣的汉诗。我开玩笑地说：“您的诗这么好，是因为有一位名师，曹雪芹。”他笑了。的确，他深入地研究并翻译了《红楼梦》，自号“泥卿”，意取贾宝玉所谓男人是泥做的。他除了翻译《红楼梦》，还翻译过《娇红记》，所以斋名“两红轩”。隶书“两红轩”的匾就挂在他家客厅兼书房的墙上。我不止一次做客两红轩，在那里谈诗论学，品尝夫人的佳肴，这是那段客居生活中温馨的回忆。1994年我应中岛敏夫教授的邀请第三次到日本讲学，伊藤先生接我到他的新居小住，仍然是下榻于两红轩。两红轩并不宽敞，但亲切、温馨。就在那一年，我将自己参加山东新城王渔洋研讨会时游览锦秋湖口占的七绝一首相赠。正好他刚刚游览过那里，随即和诗一首，并将他的诗写在色纸上回赠，这成为我的珍藏，诗是这样的：

锦湖秋晓雾茫茫，
鼓楫周游水见章。
乡祀五贤犹阙一，
山人幻化几星霜。

诗后跋曰："步袁春澍仁兄见赠《咏锦秋湖》诗韵。甲戌秋我亦游锦秋湖，西畔有五贤祠，新城乡人祀乡贤。可惜文简公薨后几三百年矣，仍未见加贻上。甲戌孟冬，春澍词兄光临寒斋，因录拙作奉酬。"案：王士禛一字贻上，谥文简公。

在东大的一年间，伊藤先生陪我访问过京都大学、爱知大学等一些著名的高校，参观过东京国立博物馆、浮世绘美术馆等著名的博物馆；到静嘉堂文库、天理图书馆、蓬左文库等八家图书馆访书，看到不少宋元善本，这对我的研究工作帮助不小。在爱知大学，校长为我们举行晚宴，他是一位著名的学者，在致辞时说，在文化上中国是母亲，日本是向中国学习的。访问静嘉堂文库和天理图书馆时，都是馆长亲自接待我们。当我要求进入静嘉堂善本书库看看皕宋楼的旧藏时，馆长又亲自为我们带路。在访问的过程中我深感伊藤先生很受学术界尊重，他的朋友遍及日本，跟着他可以四通八达，处处受到款待。这不仅跟他的学术地位有关，也跟他的谦逊诚恳、乐于助人有关。他很自尊，这是一种学术上的自尊，有时显得有点严肃；但又总是彬彬有礼，尊重别人，体谅别人。即使问路，不管对象是什么人，他总是先脱帽问候，然后才微笑着问路，而且措辞又是那么文雅，所以没有人不愿意回答的。在天理大学校门口，他向两位女生打听图书馆的位置，她们竟然陪着我们走了好长一段路，直到图书馆门口才离去。

1983年4月我回国后，在1987年和1994年又两次到爱知大学讲授“中国文学概论”。1987年那一次，伊藤先生和其他朋友一起组织了欢迎宴会，到会的有三四十人。朋友们相隔四年，一旦重聚都很高兴。1994年那一次，伊藤先生陪我到北海道游览，札幌、阿寒湖等地给我留下深刻的印象。我没有料到，在阿寒湖的饭店他为我安排了套间，和式的，并陪我在房间用了晚餐。当我送他回到自己的房间时，才惊诧地发现那竟是仅能放下一张单人床的小房间，这让我深受感动，他原来是这样待客啊！出发前，伊藤夫人亲自送我们到羽田机场，并为我们各买了一张航空保险，赔偿金额是四千万日元。伊藤先生拿着那保险单幽默地说：“这就是我们的身价。”也许伊藤夫人有点为我们担心吧。如果是这样，我真抱歉了。

我跟伊藤先生最后见面是在2003年秋，那年我率领中央文史研究馆代表团访问日本，并参加东京大学两年一度的校友会。伊藤先生也出席了，那时他已做了胃癌手术，消瘦了许多，走路也很不方便，要靠外孙搀扶。多年不见，他病得这样重，我免不了几分伤感，一时不知说什么才好。他却充满自信，说自己正在编辑《伊藤漱平全集》。他虽然抱病，还是坚持听完了程毅中馆员和我的演讲。当我送他上车回家时，他从车窗内向我频频招手，不料这却成为我们最后的一面。

回想跟伊藤先生初次见面到现在已经二十七年了！这相当于一个人从出生到博士生毕业的时段。二十七年的相识，我越来越清楚地看到，伊藤先生不仅是一位蜚声国际的学者，而且是一位诗人、书法家和鉴赏家。他的学问和人品是统一的，他是研究中国传统文化成就卓越的日本学者，他的身上透露出中国传统文化和日本传统文化相互交融的美德。他的逝世是中日两国乃至国际汉学界的一大损失。

今天，12月26日，伊藤先生的亲友们为他举行“音乐葬”，我不能参加，只好托人将吊唁信先寄到夫人那里，同时在自己的书房里撰写这篇悼念文章，也算是我参加了那葬礼吧。不知道葬礼上奏了什么音乐，可曾有伊藤先生陪我听过的能乐，还是有伊藤先生陪我到北海道时晚间从远处传来的日本乡间的民谣？大概是佛教的诵经吧。不管怎样，像伊藤先生这样的好人，他的灵魂一定会升入佛国，享受那极乐世界的愉悦。

他在世时太累了，愿他安息！

（原载于《国际汉学研究通讯》第一期，中华书局2010年版）

痛失傅璇琮先生

去年春天以来，傅先生的身体迅速衰萎，就像一根残烛，在风中摇曳着仅剩的光芒，朋友们担心他将不久于人世。但他逝世的噩耗传来，我还是不免一怔。他在古典文学研究界的分量实在是太重了，一旦失去了他，这条航船便有点晃动的感觉。

傅先生在北大是高我两届的学长，毕业后曾短期留校任教，反右运动后调到中华书局任编辑。我不曾听他说起是怎样度过“文革”那十年时光的，等改革开放以后我们重逢，他已是崭露头角的中年学者了。那时我们都抱着决心，补回那段失去的大好光阴，努力向前赶路，他便是跑在前列的一位，身后跟着一批精力充沛的年轻学者。每当他赐我新著，我在钦佩敬慕之余总为有这样一位学长而高兴。

我钦佩他以坚实的资料考证弥补了“文革”前文学史研究的空泛，从而推动了文学史研究和书写的转型。他的《唐代诗人丛考》《唐代科举与文学》《李德裕年谱》《唐翰林学士传论》，都以翔实的资料、严密的考证给学术界带来一阵阵惊喜。他主编的《唐才子传校笺》成为我案头常备的参考书，《唐五代文学编年史》出版后，带动了编年文学史的编写工作。我的学生们每每赞叹：“学问还可以这样做啊！”我的导师林庚先生听说北大将成立唐诗研究中心，便写信给他“望共襄盛事，同骋齐足”。可惜这中心一直没有成立，我也就没有机会跟他朝夕相处，随时请教了。

傅先生曾任国家古籍整理出版规划领导小组秘书长、副组长，在这期间领导小组组织编纂了《续修四库全书》和《中国古籍总目》。他还参加了北大中文系编纂《全宋诗》的领导工作。作为二十世纪九十年代古籍整理的组织者之一，他的组织才能，以及他所付出的辛劳赢得了学术界的敬佩。

傅先生于2007年被聘为中央文史研究馆馆员，他积极参加文史研究馆组织的活动，特别是担任了多达三十四卷的学术著作《中国地域文化通览》副主编，并亲自指导了《陕西卷》《河南卷》的编撰工作。他的逝世不仅是中华书局的损失，也是中央文史研究馆的损失。

傅先生是一位以学术为生命、以治学为乐趣的人，他的勤奋，他的认真，他的洞察力，他的细心，都堪称我们这一代学者的模范。直到他住院不能行走，我去探望时他竟然还在看稿子。他一辈子就是在看书、写书、审阅书稿中度过的。就这样，他走完了八十三年的人生之路。我为他的逝世感到心痛！

八挽录

偶忆昔日所拟挽联，兼及师友行止，一颦一笑，历历在目。随手录出，挽联共八副，遂题曰《八挽录》。

挽王力先生

大笔淋漓茹古涵今生前一代雕龙手

绛帐肃穆滋兰树蕙身后三千倚马才

1986年5月3日王力先生仙逝，系主任严家炎命我代表北大中文系拟一副挽联，以供在八宝山追悼会上悬挂。我拟好后系里请商务印书馆总编辑、王力先生的研究生李思敬学长书写出来，几天后在八宝山举行追悼会，这副挽联就悬挂于王先生遗像的两侧。

王先生是1954年从中山大学语言学系调到北大的，一到北大就开设了汉语史课程，从上古讲到中古，再讲到近古，包括语音、词汇、语法三个方面，这是从未有人开过的新课。第二年我读三年级，正赶上听他讲第二遍。整整一学年，每周四学时，唐作藩先生任辅导教师。上课的地点在一教的阶梯教室，学生坐得满满当当的。王先生总是不慌不忙地走上讲台，拿出讲稿，用带有一点粤语腔调的普通话慢条斯理地开讲。讲完一段，便说以上是第几段，这是为了学生好记笔记。下课铃响正好下课，从不拖延。

因为王先生是汉语教研室主任，而我妻子是汉语教研室的助教兼秘书，所以后来我们常常去王先生家，得以近距离地接触他。这才发现他的笑容十分亲切，而且带着几分甜蜜和幽默，跟课堂上的肃穆不一样。他曾写过一篇小文章，登在1980年3月出版的《语文学习》上，题目是《谈谈写信》，教青年如何写信封。他说信封上收信人的姓名，是告诉邮递员将信件送给谁，因此不应称“伯伯”“姐姐”这类私人间的称呼。有人写“父亲大人安启”就更可笑了。可以泛称“先生”“教授”“同志”。不料这善意的提醒引起一名读者强烈反对，这人写信给王先生居然称他“老不死的”。王先生谈起此事不仅面无愠色，而且笑得十分天真，我想他的雅量如果写进《世说新语》，跟谢安等人相提并论也毫不逊色。

中文系的汉语老师都佩服王先生建立学术体系的本领，无论是《汉语史稿》还是《古代汉语》教材，或是《古汉语字典》，一个又一个体系被王先生建了起来，于是一个又一个新的学科便有了规模。我还佩服他另一点，就是所写的文稿和讲义常用毛笔小楷，很少涂改，可见他是胸有成竹才动笔。客人来了就到客厅接待，客人一走立刻坐回到书桌前继续写，思维竟没有中断。听师母说，王先生有个好习惯，星期天总是休息的。《王力全集》共二十五卷三十七册，约一千四百万字，如果不是这样勤奋，而且有这样好的写作习惯，怎么可能写得出来！

1982年4月，我应东京大学的邀请前往任教。临行，王先生作了一首诗写成条幅送我。诗是这样写的：

东渡怜君两鬓斑，送行何必唱阳关。
细评月旦文坛上，坐拥皋比广厦间。
兴至驱车饮银座，闲来蹑屐访岚山。
明年今日重相见，名播扶桑载誉还。

这首诗收入《龙虫并雕斋诗集》，于1984年出版。龙虫并雕是王先生的斋号，“雕龙”意谓做高深的学问，如上述几本书；“雕虫”意谓兼做学术普及工作，如《诗词格律》。这斋号很俏皮，很睿智。1992年北大成立中国传统文化中心，即国学研究院的前身，我即借用“龙虫并雕”表示我们研究院的宗旨。

回过头来再说我拟的那副挽联，上联“茹古涵今”是说他的学问涵盖面之广，他既著有《汉语史稿》讲述古汉语的发展史，又著有《中国现代语法》，论述现代汉语的语法特点，在这两方面都取得卓越的成就。下联“绛帐肃穆”是用东汉马融的典故，《后汉书·马融传》：“融才高博洽，为世通儒，教养诸生，常有千数……尝坐高堂，施绛纱帐，前授生徒，后列女乐。弟子以次相传，鲜有入其室者。”我说“绛帐肃穆”，特别点出“肃穆”二字，意谓王先生既有马融的才学，又不像马融之侈饰。“滋兰树蕙”用屈原《离骚》的典故：“余既滋兰之九畹兮，又树蕙之百亩。”比喻他栽培了许多人才，所以接着说“身后三千倚马才”。我用这两句话赞美他学术研究和培养人才的功绩。

写到这里不禁回忆起王师母夏蔚霞女士，“每一个成功的男士，背后都有一个伟大的女性”，这句话完全可以用到王先生和师母身上，王师母默默地为王先生操持家务，培养子女，关照学生。凡是接触过王先生的人，无不钦佩她的风度，她的周到。王先生逝世后，她觉得自己一家住燕南园60号那座二层别墅太大了，便向系里提出，准备让出楼上的房间，并且希望我们家搬去住。我们不肯打搅她，一再婉拒，那座楼只有王先生才有资格居住，我们住畅春园已经很知足。这事拖了一年多也就作罢了。但我们常常去看望她，还是那间陈设简单的客厅，中间的北墙上挂了梁启超先生为王先生写的一副对联，是集宋词的，对联是这样的："人在画桥西，冷香飞上诗句；酒醒明月下，梦魂欲渡苍茫。"上联取自向子諲《鸿江仙》和姜白石《念奴娇》；下联取自姜白石《玲珑四犯》和吴梦窗《高阳台》。时在丁卯岁，1927年，正是当年王先生在清华国学院时得到的，梁先生正当壮年，笔力遒劲，我百看不厌。王师母还像以往那样亲切地接待我们，有时还剪下院子里的丁香花相赠。

王先生仙逝三十年了，我遇到唐作藩先生时，常常提起他和师母来。我并不是他登堂入室的弟子，要论登堂入室首推唐作藩先生，他是1954年跟随王先生从中山大学调到北大来的，后来成了中文系的名教授，中国音韵学会会长。他忠厚笃实，每年清明必去万安公墓为王先生扫墓。还有与我同届的南开大学向光忠教授，前几年去世时嘱咐家人一定要葬在万安公墓，以靠近王先生。王先生得到学生爱戴的情形，于此可见一斑。

挽吴组缃先生

香山黄叶伊人应喜逢知己

小院紫藤弟子痛惜丧良师

吴组缃先生二十世纪三十年代以小说享誉文坛，《一千八百担》是他在清华大学读书时写的，内容是写家乡皖南农村宗法制度的崩溃，成为他的代表作。他的家庭原来还算富裕，后来衰落了。听他说过，在清华大学读书期间，有时家里供不上生活费，换季时却可以在去年穿的衣服口袋里发现一些钞票。吴先生从清华毕业后曾被冯玉祥聘为老师，教他国文。抗战期间他在重庆，跟老舍等人结为好友，常常在防空洞里联句作诗，将一些作家的名字嵌在中间，作为消遣。后来回到清华中文系任教，1952年因院系调整转到北大。

吴先生最受欢迎的课程有两门，一门是现代文学作品选读，另一门是《红楼梦》研究。我读本科时只听过后一门，他的讲稿写在单页的练习簿纸上，密密麻麻的，就连提醒学生的琐事也写在上面。他以小说家的眼光，对《红楼梦》中的人物性格和故事细节分析得入木三分，尤其是对贾家（官）和薛家（商）相互勾结，以及薛宝钗在官商勾结中的处境和她的性格、心思，具有独到的见解。关于贾宝玉的典型性，以及林黛玉的困境和内心的委屈，吴先生也有深入的剖析。他的课成为北大中文系的典范。

“文革”前我兼过几年教研室秘书，那时老师们家里没有电话，遇到教研室开会我便骑着自行车挨家通知。每位老师都要留我进门聊一会儿，我从闲聊中得到的熏陶不亚于听课。吴先生家是常去的，如果隔了一段时间没去，他开门后说的第一句话往往是“稀客，稀客”，临走时他常说的是“骑车了吗？”这就是他独特的让人感到很亲切的欢迎语和送别语。有一次我在他家忽然流起鼻血来，师母沈菽园取出安徽的古墨研磨几下，用棉花蘸了塞进我的鼻孔，很快就止血了。师母本来在卫生部工作，退休后在北大镜春园宿舍居民委员会帮忙，没想到“文革”时被人揪出来批斗，还往她头上扣一个字纸篓，这样的奇耻大辱不知她是怎样忍受过来的。此后我便再也没有见过她。

那时候现代文学教研室还没有独立出来，更没有当代文学教研室，统称中国文学史教研室。教研室在文史楼二楼西头的一间大屋子里，周围靠墙满是书柜，摆了整套的《四部丛刊》，中间是一张会议桌，长方形的。开会时教授、讲师和资格较老的助教坐在桌旁，1957年我刚刚留校任助教时，属于资历最浅的，就坐在靠门边资料员的位子上（常常是晚上开会政治学习，资料员不参加）。如果开教研室会议，主任游国恩先生便坐在会议桌顶头主席的位子上，如果开工会小组会议，小组长萧雷南先生便坐在主席的位子上。会议桌边那些长辈和学长如褚斌杰、裴家麟（裴斐）、傅璇琮、沈玉成等谈笑风生，跟老师们互相递烟敬茶，恍如神仙。吴先生和王瑶先生都叼着烟斗，吴先生常常从衣服口袋里掏出事先搓好的纸捻，不断地捅他的烟斗，以清理烟油，一面不断轻轻地咳两声清清嗓子。那位资料员年纪不小了，是京戏票友，他的办公桌玻璃板下边压着自己的几张剧照，是扮武生的。我一边听人发言，一边欣赏那资料员的剧照。会上说话最多的是吴组缃先生和王瑶先生，只要他们两位到会就不怕冷场了。他们的交往多，消息也多，而且吴先生擅长比喻和形容，王先生擅长抓住要点加以渲染，听他们发言不但觉得趣味盎然，而且增长许多社会知识。在这里稍作一点补充，上文提到的四位学长，1957年都错划为右派，调离了北大，否则北大文学史教研室该是多么兴旺。在教研室讨论右派处分时，游国恩先生感叹地说："何昔日之芳草兮，今直为此萧艾也？"这本是《离骚》里的两句，我想游先生并不认为他们是"萧艾"，只是表示惋惜和无奈而已。

1958年夏农村推广深翻土地，把底层的生土翻上来，表层的熟土翻下去，深翻的尺寸是一尺五寸，据说可以提高产量，忘记是哪里的经验，报上一宣传便忙着推广。北大领导响应号召，组织师生到北京郊区平谷县参加这项劳动，吴先生也跟我们一起去了。我们去的村子，一天两顿饭，没有早饭，所以头一天晚上得多吃一些。劳动时两人一组，一人翻第一锹，另一人在翻过的地方接着翻第二锹，两锹刚好是一尺五寸，劳动量相当大。我不记得吴先生跟谁一组了，只记得休息时，吴先生从衣袋里掏出一个小瓶，将其中的维生素丸分给身边的同事，以补充营养。我也曾接受过他的馈赠，未见得体力就好些，但他的细心和好意令人感动。如果写小说，这个细节很能表现知识分子下乡劳动的喜剧性。

吴先生爱说话，因言获罪的次数不少，不知他说了些什么，反右中取消了党员预备期。1958年“大跃进”中，学校鼓励年轻教师上讲坛，吴先生说年轻教师都很可爱，但学问还不够，好比“糖不甜”。又批评有的老师上课是“四两染料开染房”，缺乏足够的积累。他的话正道出我的缺陷，我是心服口服。他也批评自己，说过去在兵荒马乱中没有机会多读一些书，现在正补课。他还在私下说“大跃进”不过是“一篷风”，意思是很快就会过去，这话被揭发出来后受到批判。“文革”中吴先生进了牛棚，不过听说星期六晚上看管他的红卫兵常放他回家，让他星期一带几本小说来给他们看。“文革”后期他仍然喜欢说些直率的话，例如听说“文革”七八年就要搞一次，他便在会上说听到这话“毛骨悚然”，为此又挨了一通批，其实这是说自己跟不上形势，并没有其他意思。

“文革”后期，吴先生被安排给工农兵学员讲一次课，课中说到写小说切忌笼统，他举例说：“比如写我吴组缃吧，说吴组缃是知识分子当然是对的，但不具体。要说吴组缃是资产阶级知识分子，但还不够。要说吴组缃是没有改造好的资产阶级知识分子，这才确切。”这几句话吴先生是当真说的，不过语带幽默，颇耐人寻味。他有时会有一些出乎意料的幽默，大概是1980年，我和他一起参加北京市作协代表大会（我不是作家，不知道为何请我出席），闭幕式由吴先生主持，各项议程进行完毕之后，吴先生忽然说：“现在报告一个诸位都不愿意听的消息，”大家都愣了，他停顿了一会儿，接着说，“现在散会！”大家笑得前仰后合。

难忘的是1979年我跟他一起去昆明参加第一届中国古代文论研讨会。会前他听说我也收到邀请函十分高兴，我便将自己的论文带到他家读给他听，中间他几次拍着大腿说好，我受宠若惊，他竟如此毫不吝惜地鼓励后辈！我曾听他说过：老舍有时也将自己的小说读给他听，读到得意之处便拍着大腿说：“这一笔，除了我老舍谁写得出来！”原来他们老一辈的作家有这样交往的习惯，他们不会隐藏自己的看法，天真得可爱啊。

1988年4月他八十华诞，我们在临湖轩为他开了一次小型的祝寿会，他在会上读了自己的两首诗。第一首题为《八十抒怀乞正》：

竟解百年恨，
蹭蹬望庆云。
燃藜嗔笔俭，
忝座觉书贫。
日月不相假，
经纬幸可寻。
老柏有新绿，
桑榆同此春。

第二首题为《八十敬谢诸友》：

四竖三山除，
神州振以苏。
此心随绿水，
好梦到平芜。
花发频来燕，
萍开富有鱼。
莲池何烂漫，
满目是玑珠。

祝寿会上，臧克家、陈贻焮、程毅中、赵齐平诸位都有诗祝贺。我写的贺诗是这样的："天为斯文寿我师，老松生就傲霜枝。世间风浪凭吹帽，笔底烟霞自玮奇。肝胆照人光德布，齿牙吐慧雨露滋。群贤济济添遐寿，正是桃花斗艳时。"

1992年北大成立中国传统文化研究中心，任命我做主任。次年，我鼓动他写一部《吴批红楼》，收入中心所编的《国学研究丛刊》中出版。他很高兴地同意了，也认真做了一些准备，可惜没做多少便一病不起。我们教研室的年轻教师轮班到北医三院看护，轮到我去的时候，他已经切开气管不能说话了，只见他用手势索要纸笔，我将纸笔呈上之后，他颤颤巍巍地写了两个字，我反复辨认，才认出来是"抢救"。他或许还惦记着那本书呢！我只好安慰他，医生一定会尽最大的力量挽救他的生命。但医生已无力回天，几天后他就遽归道山了。

吴先生不以书法名家，但是他的书法结体严谨，精神内敛，实在是上乘的。他说有一段时间，他用毛笔写日记，书法很有长进。他曾写有《颂蒲绝句二十四首：蒲松龄诞生百四十三年纪念》，用毛笔小楷写在稿纸上送我，诗好，字也好。例如其四：

绘声绘影绘精神，
狐鬼物妖皆可亲。
纸上栩栩欲跃出，
多情多义孰非人。

我写的挽联，上联是说吴先生是曹雪芹的知己，曹雪芹在九泉之下见到他应该感到高兴。“香山”是曹雪芹晚年居住的地方。下联的“小院”指北大五院，中文系之所在，夏初开遍了紫藤。中文系的师生无不为他的逝世感到悲痛，一位敢说真话的人离开我们，怎能不伤心呢！

同事方锡德教授在吴先生晚年为他编辑了《说稗集》《宿草集》《拾荒集》《苑外集》，使我们得以较完整地了解他的成就，我是很感谢的。

挽王瑶先生

率真旷达上追六朝人物
渊综卓荦下启一代学风

王先生是著名的现代文学专家，他的《中国新文学史稿》是现代文学的奠基之作。不过他也是中古文学的专家，二十世纪五十年代初，他的《中古文学思想》《中古文人生活》《中古文学风貌》出版不久我就拜读了，十分佩服他搜集资料、处理资料和提炼观点的能力。而且从我与他接触的过程中感到他颇有六朝人物的潇洒，我为他拟的挽联所谓“率真”“旷达”就是讲他这个特点。他不善于掩饰自己的观点，不管说出来对自己好不好，想说就说。他在全国政协小组会上的名言“不说白不说，说了也白说”一方面表示经过“文革”，客观的形势已经允许各抒己见，同时也遗憾个人意见之无济于事。有人补充了一句“白说也要说”，也常常在政协会议上流传。

大概是1987年夏，江西九江师范专科学校召开陶渊明研讨会，王先生和我都在被邀之列。我们结伴先到武汉，好像是王先生受邀在武汉大学演讲，停留一宿，再乘船沿江而下抵达九江市。会议期间游览了庐山，在东林寺随喜，并参观了陶渊明的纪念馆和墓地，不过所谓墓地是清代陶氏所修的，我们兴趣都不大。

王先生对李白也有研究，他写的《诗人李白》跟冯至先生的《杜甫传》有异曲同工之妙。1985年安徽马鞍山市召开第一届中日学者李白研讨会，我和他一起参加了会议，并住在同一个房间。那年他刚过七十岁，仍然十分健谈。晚上我们对床夜话，古今中外，十分畅快，有一天谈到凌晨，东方既白，王先生谈兴不减，我说：“王先生，咱们睡吧！”才睡了一会儿。原来熬夜对他来说是家常便饭，但那天睡得太少，白天开会他竟打起盹来。最愉快的是会议组织坐船游览天门山、采石矶、太白楼，还到当涂县参拜了李白的衣冠冢。王先生兴致勃勃，毫无倦容。

1988年我担任了一年系副主任，负责研究生工作。我曾请吴组缃、王瑶、朱德熙三位先生跟全系研究生座谈，王瑶先生讲学问的层次：第一等是定论，第二等是一家之言，第三等是自圆其说，第四等是人云亦云。他说大量的论文不过是自圆其说，这就不错了，千万不能人云亦云。这段话是他多年做学问的深刻体会，对我本人也是一个警示。

关于他的逝世，许多文章中都提到过，我在这里就不赘叙了。他是1989年冬在苏州参加现代文学年会时得了肺炎，到上海某家医院医治无效，撒手人寰的。我所拟的挽联，出自我本人对王先生的认识。上联讲他的为人，他是一位“率真旷达”的学者，堪比魏晋人物。“文革”初期他作为资产阶级学术权威，受到批斗。听说有一天在中文系所在的二院的庭院中斗他，不知是谁找来他家的保姆，揭发他对毛主席不尊敬，被红卫兵殴打。听说有一个红卫兵竟然提着自行车链条，那天他吃了许多苦。他亲自跟我说过，“文革”后那名提链条的红卫兵到他家道歉，他说“不记得了”，这四个字柔中带刚，既不失老师的尊严，并对那段浩劫表达了不屑，又原谅了殴打他的红卫兵。他的雅量不是一般人做得到的。下联说他在现代文学方面的成就，他开启了一代学风。如今现代文学已成为一门显学，他的弟子都是这方面的中坚力量。他的弟子们对他在现代文学方面的贡献讲述很多，我只想补充他在古代文学研究方面的一些情况，他没有指导过古代文学的研究生，此文权作一点补充吧。

挽冯锺芸先生

华星乍陨举目尚余几元老

霁月高悬伤心最是老门生

冯锺芸先生是北大中文系的女教授，此所谓先生，是北大对老师的惯称，无论男女，只要是老师就称先生。冯锺芸先生是哲学家冯友兰和文学家冯沅君的侄女，地质学家冯景兰的女儿，哲学家和古典文献学家任继愈的夫人。我于1953年考入北大时，她是我们的班主任，同时担任写作实习这门课，那时候写作实习由三位老师共同教，林焘先生教语法修辞，叶兢耕先生教写作理论，冯锺芸先生教作品选读，我们的作文由他们三位分别批改。这一年我们共写了九篇作文，我的文章分到林焘先生那里，他用毛笔沾着红墨水涂涂改改，遇到好句子便在旁边画圈圈，出现一个错别字罚我重写五遍，一年下来我的作文大有长进，我猜想冯先生也是这样做的。那一年中，冯先生常常在晚饭后到文史楼前的梧桐树下辅导我们，带着她的女儿任远和儿子任重，他们大概只有三五岁。她毫无教授架子，我们对她有一种格外的亲切感。一年后她借调到人民教育出版社编辑高中语文教科书，这就是将汉语和文学分成两本的那一套，1955级和随后的一两届学生便是学这部教科书长大的，他们的语文程度很好，无疑是得力于这套教科书。

等冯先生再回到北大时，我已经留校任助教了。

1958年她为中文系本科生开讲隋唐五代文学史，我当辅导老师，对象是1955级的学生，冯先生以其亲切和蔼的台风、简明朴实的语言赢得了他们的赞扬。那时候时兴到学生宿舍去辅导，我经常利用晚餐后的时间去敲一间间宿舍的门，了解他们的学习情况，解答他们的问题。有的学生在读《杜工部集》，遇到难懂的词语便问我，有时我觉得并不是我在辅导学生，而是学生在考我。每逢问题回答得不完善，便事后请教了冯先生再转告学生。

就在这年五一节后的第二天，冯先生忽然一早就到集体宿舍敲我的门，告诉我叶兢耕先生失踪了，似乎留有遗书，恐怕是自杀了，让我到学校附近一些荒野之处寻找。我先到蔚秀园、承泽园，那时这两座园子还没盖楼房，有大片池塘、土坡，树木葱茏。找遍这里没有任何发现，又跑到白石桥，沿着河道找了半天，还是毫无结果。中午赶回学校，听说警察已经找到他的尸体，确实是自杀了。那时叶先生也就四十岁出头，好好的，为什么忽然自杀呢？至今仍然是一个谜。他自杀后叶师母的经济拮据，便将家里的书籍送到系里出售，他的藏书不多，其中有一部同文书局石印的《全唐诗》，标价五十元，冯先生力劝我买下来，但我一个月的薪水不过四十六元，还要接济我的姐姐，实在买不起，只好作罢。另外，如果真买了这部书，便会常常想起叶先生，心里也不是滋味。我之所以说这件事，一来因为现在已经没有人提叶先生了，他身后太寂寞，二来从这件事可以看出冯先生是一个热心肠的人。她表面上对人不是很热情，似乎总是跟人保持一点距离，但相处久了就知道她的心是热的。冯先生当时似乎并没有担任行政职务，她对叶先生的关心，完全出自一片友谊。叶先生跟她本是清华大学的同事，1952年院系调整时一起来到北大，他们又是同住在中关村宿舍的邻居，她出面张罗此事，可见她的热心肠。

她的热心肠还表现在对学生的态度上，她在清华时有个学生是马来西亚归国求学的华侨，后来跟她一起转到北大。解放初期东南亚爱国华侨送子弟回国求学的很多，香港的《大公报》和《文汇报》还刊登祝贺广告，亲朋好友为华侨子弟归国求学表示祝贺，当然这多是有钱人家的举动。这些华侨学生的经济状况较好，从国外带回一辆英国产凤头牌自行车，骑在上面颇为气派。但这位学生家境不佳，不但没有凤头，连生活也难以维持，为人十分忠厚老实。冯先生便常常接济他，他视冯先生如同自己的母亲，他和冯家的关系一直维持着，每年总要亲自做些丰盛的菜送到她家，直到冯先生和任继愈先生逝去。我也受到过冯先生的恩惠，1958年我姐姐患病，没有钱医治，我想把她接到北京来却没办成。正为此着急时，冯先生主动拿出三百元借给我，让我马上寄去以救燃眉之急。因为我姐夫随国民党去了中国台湾，之后杳无音信，而我姐姐带着一个幼小的儿子没有工作，身边还有上小学的弟弟，她不肯改嫁，生活没有着落。我念本科时在北大职工业余学校兼课，每月将兼课费十二元全部寄给她，当助教后每月从薪水里省出三十元给她，自己只留十六元。这窘状冯先生是看到眼里的，所以没等我开口（我从未开口向人借过钱），便将钱送来了。那时她的月薪也不过二百多一点，一下子拿出这么大一笔现款并不容易。但她将钱递给我时表情很平淡，既没有多余的话也没有一丝怜悯，好像是一件平常不过的小事。这使我更加感动。当我1964年得到《中国历代诗歌选》（林庚先生主编，我负责初盛唐部分注释）的稿费后，立刻如数将这笔钱奉还了冯先生，她依然淡淡的，没说什么，这更增加了我对她的感情。

1958年秋我跟中文系二年级学生到京西煤矿半工半读，两个月后又转到密云县钢铁公社劳动，在密云的同伴主要是中文系的教师，吴小如先生也在其中，不过他没过多久就因为编《先秦文学史参考资料》而返校了。还有一位从北欧留学回来的先生，曾辅导我们学习汉语方言学的。再就是跟我辈分差不多的年轻教师。另外还有东语系、俄语系的几位年轻教师。奇怪的是还有一名技术物理系的小伙子实验员，一名后勤的工人。我不明白这支杂牌军是按什么标准挑选组成的。我们去的地方名曰公社，但是见不到农民，也见不到工人，这怎么向工农学习呢？大概在1959年春，学校领导派东语系主任季羡林先生和中文系冯锺芸先生前来看望我们，也许还有一位俄语系的领导，但我记不清了。季先生和冯先生并没有讲什么大道理，也没有给我们鼓劲儿，只是默默地跟我们一起干活儿。不知道他们向校领导汇报了什么，这年夏天钢铁公社还没解散，我们就被接回学校来了。我敬佩他们的这种作风，在盛行浮夸风的时候，像他们这样的领导越发显得可贵。

此后，我又到西郊白虎头大队劳动，八个月后才回校。而冯先生受邀赴保加利亚索菲亚大学执教，前后两年，我们见面的机会不多。等冯先生回国，我又赴湖北江陵县农村参加“四清”运动，1965年夏才回校，那时北大已轰轰烈烈开展社教运动，接着是“文化大革命”。时光荏苒，1969年我们都去了南昌鲤鱼洲“五七干校”。在那集体化的生活中，难得有个人之间的交往。1970年鲤鱼洲作为北大分校招收了第一届工农兵学员，冯先生和我都被选为五同教师，跟学生同吃、同住、同劳动、同学习、同训练。次年春我们前往井冈山修铁路，在鄱阳湖大堤上翻了车，我和几名受了轻伤的学生留下来养伤，冯先生则随大队先到了永新县工地。等他们伤好后再赶往那里，在离工地大约十五里的路口，冯先生跟陈贻焮大师兄迎接我们，抢着背我们的行李，那时她已经是五十多岁的人了，步履仍旧很年轻，她走在前面的样子我至今记忆犹新。

“文革”以后，她们全家搬到南沙沟的宿舍，我们见面的机会少了。教研室开会她是必到的，但很少说话。在2004年林庚先生九十五岁华诞的祝寿会上，她和任继愈先生一起出席。只见她的双眼添了一圈晕，两颊也陷了下来，显得苍老了许多，但没听说患有什么重病。没想到第二年她就溘然长逝了。我在第一时间赶到她家，听任先生说，她是晨练后觉得有点累便躺下休息，竟然没醒过来。救护车赶到后抢救未能成功，就直接送往医院太平间了。她走得很平静，没受太多折磨，这是她一辈子做好事修来的福气。从南沙沟回家后，我随即拟了这副挽联，将最想讲的话写了下来。

冯先生在西南联大毕业后就留校任教，当然属于北大的元老了，她去世那年，西南联大中文系的元老如游国恩、浦江清、王瑶、朱德熙、季镇淮等诸位先生均已逝世，冯先生一去，几无其他元老在世了，所以说“举目尚余几元老”。她走得那么突然，所以说“华星乍陨”。但她的善良、她的从容、她的娴雅仍然留在我们心中，特别是像我这样的老学生更是伤心不已，所以下联说“霁月高悬伤心最是老门生”。

感谢张世林兄趁冯先生健在时，为她编了一部自选集，名《芸叶集》，收在“名家心语丛书”中，由新世界出版社出版，日期在2002年1月，为她的老门生们留下一份永久的纪念。

挽启功先生

学为人师一代名师归香国

行为世范千年型范仰岱宗

大凡享有盛名的人总会有一两件事或一两句话给人留下深刻印象，在众人口中不断传颂。启先生早在1992年，就将在香港举行书画义展所得的170万人民币，加上平时的稿酬共200万元捐给北师大，设立了奖学金。但不用他自己的姓名，而是用他老师陈垣先生的书斋名“励耘书屋”，称“励耘奖学金”，此事一直传为美谈。他为北师大所题的八个字“学为人师，行为世范”，不仅成为北师大校训，而且广泛流传于教育界，成为一切教师努力的目标。此外还流传着许多隽语，赵仁珪和张景怀两位先生编了一本《启功隽语》，收录了不少，其中多有警世之言。

我不善交际，虽然早已知道启先生的道德学问和书画的成就，很想聆听他的教诲，但是一直不敢打搅他。我的堂兄袁行云跟他交往较多，“文革”后一天傍晚，他带我到小乘巷启先生的住处，我才第一次见到他，觉得他很慈善也很随和。小乘巷在西直门内，房屋很简陋，真所谓负郭穷巷。启先生住在一座小院的南房，卧室兼做书房。当时他正在用晚餐，不过一碗片儿汤而已。餐后他将饭碗一推，桌上留出一小片空隙，随即为我挥毫，须臾间一根孤竹便从石隙中生长出来，风神俊朗。后来听说他搬到北师大小红楼宿舍，去拜访的人很多，学校在他门上贴了谢绝来访的布告，我便没敢打搅他。只是在全国政协常委会上见到他，偶尔还会分到同一个小组开会，但没有机会深谈。这期间还应启先生之命，主持过他指导的博士生张廷银的学位论文答辩。此外便没有过多的交往了。

直到1999年2月中央文史研究馆馆长萧乾先生逝世，中央统战部的领导希望我到中央文史研究馆兼职，帮助启先生做些工作，我当然很愿意。这年10月他和我分别被聘为正副馆长，在钓鱼台的一座小楼里，当时的国务院秘书长、统战部部长和有关领导特地宴请我们。启先生虽有些苍老，但精神健旺，谈笑自若。启先生任馆长后的第一次会上，孙天牧老先生说：“启老任馆长众望所归。”启先生说：“我何德何能，获此殊荣？”他说出我同样的心情。

在担任副馆长期间，我常常打电话或到启先生府上请示汇报工作，未敢稍有怠慢。有一次闲聊，他忽然说我们是世交，我没深究，只是说：“当初我考大学时报了北大和北师大，如果被师大录取，我就可能成为您的入室弟子了。”前面说到我的堂兄袁行云，他以中学语文教师的身份直接考取中国社会科学院历史研究所副研究员，得到张政烺先生赏识。这是中国社科院唯一的一次“举逸才”的举措。在社会科学院他写了三大本《清人诗集叙录》，白天跑图书馆读书写笔记，晚上在灯下用毛笔写叙录，不幸积劳成疾，六十岁就患癌症去世了。启先生得知他生病的消息后，主动托香港的朋友买来最新的药物送他，这份情谊我是忘不掉的。

在文史馆我协助他修订了《中央文史研究馆馆员传略》，编了馆员们的书画选《砚海联珠》，馆员们的诗选《缀英集》。为编《缀英集》，各位编委到一些图书馆搜集资料，有未出版的诗集，便向家属搜集。编委分别做了初选工作，选目在编委会上逐篇讨论。这几部书出版后反响良好，我在和启先生的合作中获益匪浅。

启先生八十五岁以后身体逐渐衰弱下来，他被多种疾病缠身，仍然坚持做研究，参加各种活动。国务院分给他一处宿舍，他作为书房，称之为“第三窟”，在那里写了两篇论文。2001年秋他由赵仁珪先生陪同到寒舍来聊天，那年我女儿刚从新加坡国大获得硕士学位回国，她知道启爷爷喜欢毛绒玩具，特地买回一只小猫，叼着小鱼的，准备送他，我说启爷爷是属鼠的，送他猫恐怕不合适，就拦住没送，但还是把我女儿介绍给启爷爷。我女儿把自己的心意告诉了他，并且聊了几句，可以看出来他很高兴，说道：“你女儿真可爱！”北师大为他召开九十岁华诞祝寿会，场面之隆重热烈超出我的想象。他在讲话中回忆了自己的家庭和经历，虽然很简单，但是描绘了将近一个世纪的沧桑，少了平时的幽默，我感到有点凄凉的意味。2005年以后，他的身体日益衰老，不断出入于北大医院。后来进了加护病房，且已不省人事。我去医院探望，握着他的手跟他说话，他似乎还有一点反应。但医生无力回天，一代著名学者、书画家、智者、忠厚的长者、总是给人带来欢乐的大好人，就这样与世长辞了。

我为启先生拟的挽联，将他给北师大写的校训嵌了进去，上半补充一句“一代名师归香国”，我之所以用“香国”二字，是因为启先生三岁时家里让他到雍和宫按严格的仪式接受了灌顶礼，成了寄名的小喇嘛。多年来每年正月初一他都要到雍和宫拜佛，至今雍和宫还有他写的一副匾额“大福德相”，一副长联“超二十七重天以上，度百千万亿劫之中”。我为他写的挽联，下联曰“千年型范仰岱宗”，以泰山作喻应该是恰当的。

在他之后，中央文史研究馆还能否聘到像他这样的人担任馆长，恐怕难说了。

挽任继愈先生

哲人萎矣更留有千株桃李

魂气何之应化为万朵莲花

1952年院系调整，北大、清华、燕大三校的文科和理科合并，成为新的北大文、理科。这样一来教师和职工的人数忽然增加许多，于是北大购买了附近中官村的土地，匆匆建起一片红砖红瓦的平房，样式一律，房前各有一小片庭院，面积有100平方米、75平方米和50平方米三种。所谓中官者，宦官也，这里还有些宦官的坟墓，这名称作为北大宿舍之名实在欠雅，据说校务会上讨论后决定改为中关村，中关村的名称一直保留到现在，而且是出了名的高新科技区。北大许多著名教授例如王瑶教授、周祖谟教授、季镇淮教授、林焘教授都住在这里，中关村也是学生们常去拜访请教老师的地方，每逢元旦我们还要挨家拜年，老师以糖果招待，其乐融融。阴历除夕有的老师还请我和我妻子到他们家过年，则更是特殊的荣誉了。

所以，我对中关园相当熟悉。任继愈先生和夫人（也就是我的班主任冯锺芸）也住在这里，因此我去冯先生家时有机会见到任先生。其实我跟任先生接触并不多，只是读过他的著作《汉唐佛教思想论集》《老子今译》，以及他主编的四卷本《中国哲学史》。他努力用历史唯物主义和辩证唯物主义分析中国古典哲学，1964年被毛主席召见，并命他组建世界宗教研究所。即使如此，他在“文革”中还是被红卫兵揪斗，一天我经过北大四十四楼，远远看到他在楼前的空地上挨斗，没敢靠近，为何要斗他简直莫名其妙。“文革”中他家的住房大概被别人占了一部分，所以有时任先生只好坐着小板凳，在床上写作。一直到改革开放以后他才搬到南沙沟去，那里有政府为社会科学院等单位的专家建的宿舍，俞平伯先生、顾颉刚先生都搬到了那里。

他搬走以后我跟他见面的机会更少了，只知道他受古籍整理出版规划小组的委托，负责整理《中华大藏经》，1987年他出任国家图书馆馆长，我很为国图得人而高兴，但我对佛教完全外行，没有机会接受他的教导。一直到二十世纪九十年代初，北大成立中国传统文化研究中心，即国学研究院的前身，我邀请他参加我们召开的学术会议，才得以聆听他的高见。大概在同一时期政府设立国家图书奖，我被聘为评委，分配到季羡林先生领导的文学组，任先生领导古籍组，每次评奖都要集中开会好几天，这才有了跟他来往的机会。他后来辞去评委，由我接替古籍组组长的职务，这是我们的一点工作因缘。

任先生话不多，但说出来的话显得深邃、幽默，也带着哲学味儿。他给我总的印象是朴实，或者说是一个“厚”字，厚朴、厚道、厚重。我到他家拜访时，不记得怎么一来说起繁体字和简化字的争论，他提出应当“识繁写简”，我认为这是最佳方案。长期以来，古籍整理出版仍然得用繁体字，古籍影印当然也只能是繁体字，目前政府提倡弘扬传统文化，认识繁体字只有好处，没有坏处。就连《现代汉语词典》，在每个简体字后面不是也用括号标出繁体来吗？随着教育的普及，人民素质的提高，社会上文化水平的整体上升，认识繁体字的需求会越来越大。至于写字，可以提倡写简体，报刊和一般的书籍用简体也应该。但不要把繁体当错字，有一段时间，动员中学生上街，把王府井百货大楼大字招牌中的繁体字换成简体，西单百货大楼的招牌也同样做了修改，这是不必要的。另有一次，王林之类气功大师红得发紫时，任先生说："不但要脱贫，还要脱愚。"意思是希望加强民众的文化素养和科学素养，也是很有见地的。

2009年1月，任继愈先生接受国务院总理的聘任，成为中央文史研究馆馆员，可惜这时他已经身患癌症正在放疗，未能亲自出席聘任仪式，事后由我将聘书送到任先生府上。他因身体的关系一直没有参加文史馆的活动，这是我深为遗憾的事。这年夏天他病重住院，我曾到医院看望，那天他挺精神，也颇健谈，可惜不久就辞世了，享年九十三岁。

国家图书馆为他设立了灵堂，我前往吊唁。几天后在八宝山举行遗体告别仪式，我特地推迟外出行程，参加了告别。国图将仪式组织得十分庄严，前来告别的各界人士很多，国图的年轻人一律穿着黑色的服装，排成整齐的队列站在台阶下面，以大幅标语向他致敬。这是我参加过的告别仪式里最为隆重的一次。

我拟的挽联，上联赞美他身为教授，桃李满天下；下联赞美他为佛教研究作出杰出贡献，身后将化为万朵莲花，莲花自然让人想到佛教。佛祖一出世，便站在莲花上，他的座位也是莲花座。我自以为用这副挽联概括他的一生是恰到好处的。写到这里应当补充一句，任先生去世前已聘请詹福瑞先生接替他任馆长，从他生病到辞世，詹馆长倾注了大量心血。

挽林庚先生

金色的网织成太阳，那太阳照亮了人的心智

银色的网织成月亮，那月亮抚慰着人的灵魂

女儿问我："林爷爷最喜欢谁？是你吗？"答曰："不是我，是商伟。"商伟是中文系1978级的学生，十六岁入学，是班上年龄最小的。我当年入学是十七岁，也是班上最小的，但比商伟还大一岁。他聪明过人，性格也开朗，很受班上大哥哥大姐姐们喜爱。他的才华是林先生先发现的，一次我到林先生家，见他正在看学生的"楚辞研究"课作业，他高兴地抽出一份给我看，同时说这个学生的最好，我一看是商伟的，字写得整整齐齐，内容也颇有创见，随即有了鼓励他读研究生的意思，不久他果然提出要跟我读硕士，我立即答应。硕士毕业后留校当助教，同时做林先生的学术助手。这期间他跟林先生相处十分融洽，不久就由林先生口述他笔录，完成了一部《西游记漫话》，从此他的研究领域竟由唐诗转向小说。他在哈佛大学取得博士学位后，在哥伦比亚大学任教，现在已经是那里的讲座教授了。如果当初没有林先生的慧眼，这个才俊少年的路或许不会走得如此顺利。以上这段话，固然是赞扬商伟，更主要的是赞美林先生之知人。

林先生喜欢年轻人，即他称之为"少年"的。他一生提倡"少年精神"，他所谓"少年"跟今天所说"少年儿童"之"少年"并不完全相同。而是曹植《白马篇》、王维《少年行》中的少年，是李贺《蝴蝶飞》中"白骑少年今日归"、梁启超《少年中国说》中所谓的少年，应该包括青年在内的。他所谓"少年精神"是指充满创造力的、勇往直前的、乐观进取的、生机勃勃的精神。他在诗里反复地歌颂少年，歌颂青春，例如《乡土》中的这几句：

年青的朋友拍着窗口
说是他们要明天就走
世界是属于少年人的
如同从来的最新消息

又如“青春应是一首诗”“青春是一座美的工程”“美与力/青春旋律之标记”。他的气质，他的思维，是年轻人的，看不到老气横秋的模样，即使在他八十以后、九十以后，仍然保持着少年的心。他家里没有多余的摆设，但卧室床头的墙上，别人家常常挂结婚照的位置，竟挂着一个大风筝，也许让他惦记着春，惦记着蓝天，惦记着少年的游戏。跟他在一起，总是轻松而快乐的，如果谈到不愉快的话题，他便说：“换个话题吧，不谈这些了。”他活到九十六岁，无疾而终，跟这种心态有很大关系。

林先生是属于少年的，属于诗的，属于天真无邪之梦境的，属于被李白呼作白玉盘的月亮的。我跟随他选注初盛唐诗歌，他告诉我李白的《独漉篇》好，一定要选，这诗里有四句曰：“罗帏舒卷，似有人开。明月直入，无心可猜。”是啊，林先生就是一位无心可猜的、透明的人。在他九十五岁的祝寿会上，任继愈先生说：跟他在一起不用担心什么，他不会像有的人那样，把别人的话记在小本子上去告状。任先生的话很真实地刻画了林先生的人格。“文革”期间林先生没受迫害，但心情一直很抑郁，说话很少，也很少参加活动。即使他注释的庾信《枯树赋》得到毛主席称赞，他也没有张扬，连我都没听他提起过。这是我后来从别人那儿听说的，至于称赞的原话我至今也不详。大概这事引起江青注意，江青送他花，他处之泰然，江青的亲信谢静宜到他家问花放在哪儿，他回答“扔了”。这倒是他亲口告诉我的。我知道他不是那种跟风的人，他生活在诗的世界里，一片纯真，哪里看得上什么江青、江蓝的。

林师母和林先生同岁，是清华大学的同学，后来在北京农业大学任教授。师母是林先生诗歌的知音，每当他有新诗草就，首先读给她听，她还为林先生早年的诗集设计过封面。他们相濡以沫，携手度过数十年的岁月。师母晚年多病，林先生提醒她服药，照顾她生活，感情弥笃。林先生是1910年2月22日的生日，八十华诞前，我们已筹备了祝寿活动，不幸师母竟在前一天撒手人寰了。祝寿活动只好停止，几个月后林先生的几名老学生在他家的客厅里，跟林先生聚首，各献上寿联和寿诗，极其简单而亲切地为他补过了一次生日。最精彩的莫过白化文先生所拟的一副寿联：

海国高名盛唐气象

儒林上寿少年精神

这副寿联由十八位同学共同署名。程毅中学长另送一首寿诗，是七律，其中的颔联最为人称道：“板书飘逸公孙舞，讲义巍峨夫子墙。”特别是第三句以公孙大娘舞剑器，比喻林先生的板书，巧思妙语，非常人所及也。林先生的板书是中文系的一绝，带给学生的惊叹与赞美，不亚于他讲课的内容。可惜现在教室的设备先进了，原来的黑板已大为改善。当年在水泥墙上用墨涂出一块长方形，横着的，便是黑板了。老师手执粉笔在黑板上写字，颇能展示书法的功力，如果气候潮湿，粉笔不太干，用粗的一头写字，可以正着用也可以稍微侧一点，那笔画便有了粗细的变化，配合着落笔的轻重，能写出毛笔的效果。如果学期之初，刚刚刷过墨的黑板，有点毛糙，写出字来竟像一副拓片，更现神采。林先生有点手抖，写字很用力，似乎要穿透墙壁的样子，那才叫绝呢！程大师兄用公孙大娘舞剑器比喻他的板书，可谓参透了林先生的板书艺术。现在用玻璃黑板和油笔，太滑，写不出那效果。更常用的是PPT，老师站在黑影里，学生看不见老师的表情，便少了一种感染学生的氛围。当然，现在学生在PPT前，有一目了然的效果，写笔记也省力了，特别是理工科的课程还可以展示图片，其优点是明显的，我并不反对。有时我上课也要用到这些先进的手段，并不主张一律恢复过去那一套，但还是怀念原先的黑板，这只是个人的爱好，不能改变大趋势的。那次聚会，我也献上一首祝寿诗，不过写得很平淡，可以不提了。

林先生原来是学物理的，那时爱因斯坦的相对论轰动世界，林先生也在考虑宇宙、时间、空间等问题。但一年之后，他因对文学怀有强烈的爱好，便转到中文系。可是他探索时空的热情并没有消逝，他在1980年写过一首《光之歌》，第一段说：

飞翔啊飞翔划过边缘
在烈火之中生出翅膀
从那幽暗的物质深渊
甩掉残余的一身灰烬
奔驰在宇宙广漠之乡
多么陌生啊多么寂寞
倾听生命界一切音响

他以光代表精神，以及人类之所以成为人的标志。他说“物质深渊”，又说甩掉“一身灰烬”，说“划破边缘”，他的确是轻视物质的追求，而更看重精神的力量。这首诗可以看作是他九十高龄以后所写的《空间的驰想》的前奏。《空间的驰想》是用他的手书影印的，他赐给我的那部，签名下署2000年元月，距今正好十七年。他在这本诗集里写下这样的警句：

人不仅寻求快乐
而且寻求超越
思维乃人的天然王国
人类以其文明走出
动物的巢穴

他平时的生活很简单，他上课时穿的是普通的中山装或学生装，手提一个草篮子，家庭妇女用来买菜的那种，用来装讲稿。但是他提着便别有一种名士的派头。他不懂得治理生计，只会把薪水攒起来，1985年通货膨胀，他存的钱贬值不少，从未听他抱怨过，他依旧沉迷在诗的世界里，吟咏他理想的精神。家具大概是抗战胜利后，他从厦门大学转到燕京大学时置办的，一直用了七十年。但他喜欢那间东南西三面朝阳的屋子，是卧室兼做书房的，八十岁后他便经常独自坐在这里沉思。在《空间的驰想》最后，他写出这样的诗句：

蓝天为路
阳光满屋

青青自然
划破边缘

《空间的驰想》在九十五岁华诞前出版，那年的祝寿会上，他说“我没有偷懒”，指的就是写这部诗集的事。这部诗集是平时一首首积累下来的，草稿写在一份台历的背面，写一张撕下一张，放在书桌的抽屉里。我到他家时他常常取出来读给我听。他所思考的是关于宇宙、自然、人生的大问题，在他看来，空间乃是广袤无垠的宇宙，这里充满光与力，也充满诗。

林先生是新诗人，但他的旧诗很有功力，例如，《佩弦新诗诗选班上得麻字成一绝》：

人影乱如麻，
青山逐路斜。
迷津欲有问，
咫尺便天涯。

将这首诗置诸唐人诗中也是佳构，以致太老师宰平先生看后问道：这是你写的吗？又如《九一八周年书怀，时读书清华园》：

铁马金戈漫古今，
关河尘断恨何深。
方回枕上千重梦，
欲写平生一片心。

林先生的旧诗写得虽然好，但是他并不满足于步古人之后尘，他追求的是用当代活泼泼的语言，建立新的诗行，创建新的格律，开辟新的意境。他追求的是在继承传统的基础上创新，是为诗歌发展的大计努力探路，所以他晚年把自己这方面的文集命名为《问路集》。

“文革”后有一段时间我向林先生学作诗，旧体新体一起上。他每有新作辄读给我听，我有时还大胆和他一首。他从未称赞过我，倒是说过一句话：“你真该写新诗。”这是对我新诗的肯定吗？抑或是对我旧诗的否定呢？我不敢问下去，只是自己反复琢磨。我觉得旧诗好写，有固定的格律，有前人创造的美妙意象，有数不清的典故，只要熟悉那套路，把自己的意思装进去，别出格，好歹也算一首诗了。不过，好的旧诗实在不容易，闻一多先生说好诗都被唐人写尽了，意思是很难翻出新的花样。跟旧诗相比，新诗更难写，写不好只能算分行的散文。季羡林先生在《漫谈散文》中回顾“五四”以来的文学成就时说：“至于新诗，我则认为是一个失败。至今人们对诗也没能找到一个形式。既然叫诗，则必有诗的形式，否则可另立专名，何必叫诗？”我想，新诗总得让人读得懂，觉得美才好。所以我写新诗总是觉得难以下笔，要么就是晦涩，要么就是白开水。中国是一个诗国，诗歌创作的出路何在？如何建立新的形式？这是林先生深感困惑的问题，也是摆在所有爱好诗歌的人面前值得探索的问题。林先生虽鼓励我写新诗，但那只是鼓励我探索，并不是认为我的新诗好。我很清醒，所以轻易不敢动笔。

有人认为林先生的诗是晚唐体，这是误解。林先生何尝迷恋晚唐？他要的是盛唐，是盛唐气象，或者上追建安，欣赏的是建安风骨。他不是多愁善感的人，不是甘心被狭小的庭院锁住心灵的人，不是为个人的遭际而忧心忡忡的人。他永远是年轻的、乐观的、向上的，“颓唐”二字跟他搭不上界。他跟我说过：“我们都是盛唐派。”

真是这样。我最喜欢他1961年五十一岁时写的《新秋之歌》：

我多么爱那澄蓝的云
那是浸透着阳光的海
年轻的一代需要飞翔
把一切时光变成现在
我仿佛听见原野的风
吹起了一支新的乐章
红色的果实已经发亮
是的风将要变成翅膀
让一根芦苇也有力量
啊世界变了多少模样

金色的网织成太阳
银色的网织成月亮
谁织成那蓝色的天
落在我那幼年心上
谁织成那蓝色的网
从摇篮就与人作伴
让生活的大海洋上
一滴露水也来歌唱

这首诗才脱笔砚林先生就读给我听，在三年困难的时候，这是多么乐观的声音啊！

因为林先生是新诗人，我给他拟的挽联也用白话，而且将这首诗中最精彩的句子嵌在其中。不知道林先生九泉之下对此做何感想。

挽孟二冬

春风细柳此日护君归后土

明窗朗月谁人伴我话唐诗

孟二冬三进北大，第一次是在1983年，从宿州师专来跟我进修；第二次是1985年考取我的硕士生，取得硕士学位后到新成立的烟台大学任教；第三次是1991年考取我的博士生，这次我没放他走，争取将他留校了。

他本来对古代文论有兴趣，曾在《文学遗产》发表过一篇论文，据他说是读了我关于古代文论的几篇文章后，决定来进修的。他的性格内向，话很少，我常说他“沉默是金”。他读书十分刻苦，当进修将要结束临行前交来一份作业，搜集了不少关于文气的资料，但对资料缺少提炼，论点也不鲜明，我告诉他可以在此基础上加以删节，以何谓文气为主线，写出历代对文气的理解，并讲出自己的看法。如果他愿意，我们两人可以合作，参考顾颉刚和杨向奎两位先生合作的《三皇考》，合写一篇论文，对这个问题给予一个明确的答案。他同意我的意见，回宿州不久，便寄来初稿。初稿资料不少，但结论还是不明确。我在他的基础上做了增删，提出所谓文气，是作家创作前和创作中的心理状态和精神面貌在文字中的表现。这个结论完全取决于孟二冬所搜集的资料，我只是提出了解决问题的思路，并归纳出一个说法而已。这篇文章共约四万字，当时没有刊物可以容纳，我便寄给人民文学出版社，刊登在他们出版的《古典文学研究集刊》第四辑中。

他第二次进北大当硕士研究生的三年是非常愉快的，和他同时进校的还有三位青年才俊，他们现在都成了重点大学的教授。我们一起上课，一起讨论学问，孟二冬的兴趣转移到唐诗方面。最难忘的是我们一起去敦煌做学术考察，这是趁我的老同学孙克恒教授邀请我到西北师大讲学的机会，带着他们一起去的。先到兰州，再穿过河西走廊到嘉峪关，最后到达敦煌。一路上我们五人说说笑笑无话不谈，当然也包括我们的专业古代文学。这时的孟二冬话很多，而且说了一些俏皮话为大家解除疲劳。他沿途还写了一些旧诗，但没有给我们看，前几年他的夫人耿琴整理他的遗稿时才发现的。他的硕士论文题为《韩孟诗派研究》，毕业不久就在《中国社会科学》杂志上发表了。

孟二冬在烟台大学任教很受欢迎，但做研究的条件不好，1991年在我的劝说下他第三次来北大攻读博士学位。1992年我应邀到新加坡国立大学任客座教授，同时我的妻子应邀到韩国外国语大学任客座教授，女儿跟我一起去了新加坡，家里没人，就请孟二冬搬来为我看家。等我回国后注意到家里的气压式暖瓶里积了厚厚的水碱。他整天读书，连冲洗暖瓶都忽略了。但他拿出了一篇十分扎实而又多具新意的博士论文，在他交了初稿到答辩之间的这段时间里，我们不断地琢磨讨论，有时头一天我出个主意，第二天又改了，天不亮就给他打电话让他修改。1994年他终于通过答辩获得博士学位并留校任教。他的博士论文经过修改出版，这就是《中唐诗歌之开拓与新变》。我至今仍然认为这是对中唐诗歌最有价值的研究著作之一。从此，他参与了我的好几项工作，如编写《中国文学史》《中华文明史》，编辑大型学术集刊《国学研究》，等等，他成为我得力的助手。此外，他还以顽强的毅力到图书馆查阅资料，校补清人徐松的《登科记考》，他有一个宏大的计划，即研究科举考试与唐诗的关系，关于《登科记考》

的研究只是初步的资料准备。在学术风气浮躁的当今，这样扎扎实实做研究的人不多见了。书稿完成后，他接受我的建议将书名改为《登科记考补正》出版，获得一致的好评。

2004年3月，他从东京大学讲学归来不久，便到石河子大学支教，病中坚持讲课，倒在讲台上。急忙送回北京，诊断为食道癌，转移肺癌。气管里的肿瘤几乎将气管完全堵住，只剩下一条很细的缝，使他呼吸十分困难。北大医院普通外科主任刘玉村召集大夫会诊，我和他的夫人也在场。如果不手术，眼看着他就会憋过去，如果手术，往气管下麻药很可能刺破肿瘤大出血，导致不堪设想的结果。刘大夫提出用儿童专用的最细的管子注入麻药。这样虽仍有危险，但这是唯一的办法了。决定了手术方案后，立即将孟二冬推出病房，我在病房门口握着他的手，四目相对，竟无语凝咽。生死只隔一条缝隙，这可能是我们的最后一面了。我们等在手术室外，眼盯着手术室的门，也不知过了多久，一位大夫从手术室出来告诉我们手术成功了，孟二冬得救了，我们才放了心。

孟二冬的生命力很顽强，手术后很快就恢复了。他学会了开车，参加了学校教职工的跳高比赛，每天练习书法，他有足够的勇气面对厄运，也以极其乐观的态度面对未来。但病魔还是不肯放过他，癌细胞几经转移，2006年4月22日，他的生命终于结束了，这年他才四十九岁。这正是做学问出成果的时候，太可惜了！我们国家失去一位好教师，我个人失去一位好帮手、好朋友，失去一位接班人。我想念他!

孟二冬去世几天后，在八宝山举行遗体告别仪式，我实在不忍心看到他盖着白布躺在台子上的样子，这不是我心目中的他，我不敢参加这个仪式。他的父母也没有参加，或许是同样的心情吧。他应该是教室里神采飞扬深受学生爱戴的师长，应该是田径场上面对跳高横杆一跃而起的冠军，应该是为我排忧解难的知己。他应当飞得更高更远，应当活到八十、九十，甚至寿登期颐。可惜天不遂人意，“忍剪凌云一寸心”，把这么好的一个人带走了。或许是天将另有大任交给他！我常常这样安慰自己。

孟二冬所指导的硕士现在都已成材，去世时正在就读的博士生徐晓峰转到我的名下，他继承孟老师的遗愿，研究唐诗与唐代科举制度，写了一篇内容十分扎实的学位论文。另一名硕士曾祥波在孟二冬病中考我的博士生，孟二冬竟没有给我打声招呼要我给予关照，面试时我觉得他的举止像孟老师，随口说了一句，他才说自己是孟老师的学生。这两名博士现在都已成果累累，再过几年必将成为学术界的中坚力量。

为他拟的挽联没有什么可说的了，只是上联的“后土”二字是大地的意思，如误以为是故土，那意味就减弱了几分。

悼二冬

当我写下这个题目，已是热泪盈眶。埋在心中许久的话，像泉水般涌动着，通过计算机的键盘，涌了出来。

今晨传来二冬去世的消息，虽在意料之中，仍然想抗拒它。一个跟随我二十五年的、精力超常充沛的、值得信赖的、前途未可限量的学者，难道就这样永远地走了吗?

前些天我去医院看望他的时候，他已经接近弥留之际。当麻药的药力过去以后，他将两臂直直地伸向天空，嘴里发出啊啊的声音。那是在向亲人们呼唤告别吗？是在推开另一个世界的大门吗？我想都不是的。凭我跟他相处二十五年对他的了解，我知道他是一个刚毅的人，他仍旧怀着强烈的求生欲望，那动作一定是在推开死神，一定是正在从死亡的漩涡里挣扎着走上岸边。那情景几天来萦绕在我的眼前，随时提醒我，已经快到跟他永诀的时刻了。前几天我翻阅相册，看到十年前他在黄崖关长城上的一张单人照，穿一件蓝色的牛仔布衬衣，一条蓝色的牛仔裤，身子斜倚在城墙上，微微地有点胡须，眼睛睁得大大的望着前方。我这才突然觉得他是多么潇洒，潇洒得像电影演员。这张照片是前不久一位同行的朋友找出来给我的，我忘记送给二冬了，一直压在我这里。他是不会见到这照片了。也好，我愿意他留在我记忆中的永远是这样的形象。

他跟我在一起的二十五年，正好是他生命的一半。1983年他来北大进修的时候才二十四岁，他那高高的身材、黑里透红的面孔，以及炯炯有神的两只大眼睛，处处都透露出聪明和毅力。我看出来了，这是一个要将自己投入学术之中的年轻的生命。我觉得自己跟他有缘，我相信我们能够相处得很好。果然，我们互相帮助，互相合作，我为他修改论文，他为我核对资料，偶尔也很礼貌地向我提出批评的意见。每当我出国的时候，总是他到机场送我，挥手告别之际，总使我有一种吉祥之感；我回国的时候，总是他到机场接我，下了飞机，走进行李大厅，总能看到门外翘首以待的二冬的面孔，那是很让我感到温暖和放心的。我两次搬家，都是他帮助我整理书籍，从旧家的书架上取下来，再放到新家的书架上去，一套《丛书集成初编》有四千册，哪本书挨着哪本书，经他的手整理以后，一点都不会错。我和家人在国外任教的时间最长的一次达一年之久，便索性请他住到我的家里替我看家。我们也曾一起外出，去敦煌，去济南，去青岛，去新加坡，不管到哪里，有他，我就放心了。

二冬是运动员，他在母校的跳高纪录保持了多年。在研究中国古典文学的学者中，这样的人不多。我虽然没有见过他跳高，但是我最清楚地看到了他如何攀登学术的高峰。眼看着二冬在学术上突飞猛进，虽然很少当面夸奖他，但是背后常常向人推荐他的成绩，并为他寻找新的机会。他在学术上成熟了，已经取得可喜的成绩。我知道他还有更多的计划，而且已经为实现这些计划积累了不少资料。他的眼光，他的学识，都已达到使他进入前沿的地步。眼看着就要开始冲刺，可惜他倒下了！斯人也而有斯疾也，惋惜哀悼之余，转而想到二冬在普通的教师岗位上，以自己的生命创造了一项纪录，在人生的标杆上刻下了一个带有标志性的高度。他的生命结束了，但他那种默默奉献的精神，他对学生负责的态度，他卓越的学术成果，将永远留在人们的记忆里。

2006年4月22日

逝者已矣，存者何冀

国务院决定，5月19日至21日为全国哀悼日，为在汶川大地震中死难的同胞举行国葬，这体现了中央以人为本的理念。以人为本首先是尊重人，尊重人的生命，珍惜人的生命。这么多同胞在地震中顷刻之间丧失了生命，应当为他们举行最隆重的哀悼仪式。为他们默哀吧，把国旗降下一半来吧，让车上的、船上的、防空报警器上的笛声一起响起来吧！借以表达我们对生命的尊重和珍惜，只有懂得尊重和珍惜生命的民族，才是有希望的。

在地震中丧生的大多是普普通通的人民，他们并没有显赫的地位。但包括他们在内的人民是国家主人，他们的牺牲是作为国家主人一部分的人民的牺牲，只有采取全国哀悼日这样的仪式才足以表达政府对死难者的尊重。举行全国哀悼，也是对一切活着的人的尊重。我们看到政府如何对待死者，就更清楚地知道政府如何对待我们这些生者，更清楚地知道我们自己在国家中的地位。

灾区人民的遭遇不仅令我同情，也令我钦佩，钦佩他们的勇敢，他们对难友的爱心，他们如此有尊严地挺过来了。一周来，从举国上下抗震救灾的行动中，我充分感到中国人是多么善良和富有同情心。

正如孟子所说："禹思天下有溺者，由(犹)己溺之也。"我们住在北京的，住在上海的，住在虽有震感但无危险的城市和乡村的人们，对灾区人民的悲痛感同身受，纷纷伸出救援之手，让我再次感到中国人的高尚与可爱。我又充分感到中华民族巨大的承受力，一个具有五千年文明史的、经受了无数灾难的民族，是震不垮的。

聚集在我们心间长达一周的悲痛之情，借着响彻全国的笛声宣泄出来了。在举国的默哀中，我泪流满面，为我们民族所经受的灾难悲痛不已，但所感受到的是民族振兴的无穷力量。我仿佛从汶川大地震的废墟中看到一座座崭新的城镇屹立起来，看到一个个新的家庭过着新的生活，听到一所所重建的学校里传出琅琅书声。

中央和全国各地文史研究馆的馆员们以各种方式，表达了对灾区人民的爱心。在5月26日上午即将开幕的"古韵新风——全国文史研究馆迎奥运书画展"上，我们增加了抗震救灾书画捐赠仪式，许多馆员都要在这个仪式上将自己创作的书画作品捐赠给灾区人民和抗震救灾的勇士们，以表达我们的拳拳之心。

逝者已矣，天乎痛哉！存者何冀，唯冀举国上下团结和谐，国泰民安，繁荣昌盛。今年以来接连不断的灾难，我宁可看成是天将降大任于斯国之征兆。

读《人物志》琐记

刘邵《人物志》是一部读来颇有兴趣的书。刘邵（一作劭，又作邵），《三国志·魏书》有传，于汉末建安中起仕。魏黄初中曾参与编纂我国的第一部类书《皇览》。景初中，受诏作都官考课，就考核百官之事，提出七十二条考课的方法，但并没有得到实施。大概在这之后，他又撰《人物志》十二篇，提出知人和用人的原则。《四库全书提要》曰："其书主于论辩人才，以外见之符，验内藏之器。分别流品，研析疑似。"对其内容做了准确的概括。《人物志》十二篇中属于知人的是：九征、体别、八观、七缪、释争；属于用人的是：流业、材理、材能、利害、接识、英雄、效难。

刘邵认为人的材质秉元一之气而化生，气有厚薄、清浊之分，所以人亦有别。他又把人分成"明白之士"和"玄虑之人"这样两类。"明白之士，达动之机，而暗于玄虑。"他们遇事能迅速采取行动，但不善于深思，属阳。"玄虑之人，识静之原，而困于速捷。"他们善于深入思考，但不能采取迅速的行动，属阴。他又将五行配以人的不同的形体：木体现为骨，金体现为筋，火体现为气，土体现为肌，水体现为血。在这种理论的基础上，他提出考察人物的八种方法（八观）

和应当避免的七种纰缪（七缪）。关于八观，他说：

一曰观其夺就，以明间杂。二曰观其感变，以审常度。三曰观其志质，以知其名。四曰观其所由，以辨依似。五曰观其爱敬，以知通塞。六曰观其情机，以辨恕惑。七曰观其所短，以知所长。八曰观其聪明，以知所达。

这都是通过观察人的不同表现，来判断他在情性方面的差异，以及处事的效果。例如，爱和敬有所不同，“敬之为道也，严而相离，其势难久。爱之为道也，情亲意厚，深而感物”。爱多于敬，可以使上下之情通，但又缺少肃穆之风。敬多于爱，可以严肃而有秩序，但又会使内外之情塞。从爱敬的多少就可以知道通塞的不同效果。刘卲认为，理想的情况是爱和敬两者相须而成。

关于七缪，他说：

一曰察誉有偏颇之缪，二曰接物有爱恶之惑，三曰度心有小大之误，四曰品质有早晚之疑，五曰变类有同体之嫌，六曰论材有申压之诡，七曰观奇有二尤之失。

这是讲知人之难以及观察人物的时候容易犯的毛病。例如：态度偏颇；先存爱恶之心；不考虑对象因地位不同而具有不同名声的情况，等等。在这一篇里，他特别强调了亲自观察的重要性：“是故知人者以目正耳，不知人者以耳败目。”

关于用人，刘卲也有一些可贵的论述。他在《体别》《流业》《材能》《利害》《接识》等篇中，把人分为十二材，分别讨论了他们适宜担任的职务。如清节家，有自任之能，德行高妙，容止可法，宜师氏之任。术家，有计策之能，思通道化，策谋奇妙，宜三孤之任（少师、少傅、少保）。

刘卲考察了各种偏至之材及其擅长的任务，特别推重的却是中和之人，他认为："凡人之质量，中和最贵矣。中和之质，必平淡无味，故能调成五材，变化应节。是故观人察质，必先察其平淡，而后求其聪明。"（《九征》）在这种人身上各种品德情性都恰到好处地融合在一起，成为他的理想人物。

刘卲的中心思想就是循名责实，知人善任，委任责成。因为有关于名实的辨析，所以可归入名家。《人物志》的编纂与当时的评论和赏鉴人物的风气有关，充分地反映了当时的社会风气，也影响着当时及后世的文学理论和文学批评，是研究魏晋南北朝文学、历史和哲学的一部必读书。

（原载于《群言》1997年第5期）

唐朝诗坛上的一段佳话

张说是初盛唐之间的著名宰相，他在政治、军事、文学等方面均有突出的才能，“前后三秉大政，掌文学之任凡三十年。为文俊丽，用思精密，朝廷大手笔，皆特承中旨撰述，天下词人，咸讽诵之”（《旧唐书》本传）。

张说的诗今存三百四十多首，往往有对人生的思考，那种慷慨之气、凄婉之情，颇能动人。所作《邺都引》尤为深沉，邺都是曹操的都城，他以其雄才大略在这里建立了不可一世的功勋，张说用“昼携壮士破坚阵，夜接词人赋华屋”很形象地表现了他的气概。

张说作为初盛唐之间的过渡诗人，他的诗还不具备盛唐的那种浏亮和光采。高棅《唐诗品汇·七言古诗叙目》曰：“张燕公《邺都引》调颇凌俗，而文体声律，抑扬顿挫，犹未尽善。”这段话也可用于张说全部的诗歌。他的诗歌还带着初唐的拘谨，没有舒展开来，没有达到挥洒自如的境地，因而还不可能对盛唐诗歌产生重大的影响。张说的影响更重要的是他奖掖后进，提携词学之士，使一批中下层的文人得以进身，并发挥其文学的才能。《旧唐书》本传特别提到他“喜延纳后进”“引文儒之士”，可见他在这方面的作为早已有了公论。他所奖掖的词学之士现在能考知的就有张九龄、贺知章、徐坚、孙逖、王翰、徐安贞、许景先、袁晖、韦述兄弟、王丘、徐浩、尹知章、吕向、王湾、常敬忠、崔沔、康子元、敬会真等人。此外，还有一些在当时以文学受知于张说，日后以政绩扬名的，如房琯、李泌、刘晏等。孙逖在为张说写的挽诗里赞扬张说云“海内文章伯，朝端礼乐英”，不为溢美之辞。

最有意思的是《河岳英灵集》里的一条记载：王湾“游吴中，作《江南意》诗云：‘海日生残夜，江春入旧年。’诗人已来少有此句。张燕公手题政事堂，每示能文，令为楷式”。王湾全诗如下：“客路青山外，行舟绿水前。潮平两岸阔，风正一帆悬。海日生残夜，江春入旧年。乡书何处达？归雁洛阳边。”这的确是一首好诗！北固山在今江苏镇江市北，三面临江。诗人王湾乘船来到山下，停泊之后，又在晨曦中扬帆启程了。春潮涣涣，江风习习，从东海升起的太阳照亮了沉沉的黑夜，结队北归的大雁报告着春天来临的消息。诗人在船上写下这首诗。诗的颔联“潮平两岸阔，风正一帆悬”，表现了视野开阔、一览无余、好风相助、扬帆直前的图景，颇有盛唐气象。诗的颈联“海日生残夜，江春入旧年”——海日孕育在黑夜之中，在黑夜将尽未尽的时候她就诞生了。江春长入到旧年里去，在寒冬将尽未尽的时候她已到来了。那个“生”字、“入”字，让人觉得海日和江春都有了生命有了性格。太阳升起得早，春天也来得早，一切都提前了。诗人是以如此年轻的心情欢呼黎明和春天的到来！王湾写得好，张说欣赏得也好。张说把王湾的诗句题在政事堂的墙上，当作模范诗歌向人推荐，这种做法充分显示了这位宰相对文学和人才的重视。这件事也就成了唐朝诗坛上的一段佳话。

张说奖掖后进的意义不仅在于给这些人以进身之阶，更重要的是给一大批中下层的士人以进身的希望，盛唐诗歌主要就是由这批人创作的，盛唐诗歌的繁荣和这批人的精神面貌有很大的关系。张说就这样以其本人的诗歌创作特别是以其对众多文士的拔擢，确立了他在文坛上的领袖地位。

有趣的是，经张说奖掖的人一旦有了地位，也往往奖掖他们的晚辈。如贺知章和张九龄既受张说拔擢，而他们本人又奖掖后进，从而推动了盛唐诗歌的发展。贺知章之于李白，张九龄之于王维，便是突出的例子。王维在《上张令公》诗中称赞张九龄说："致君光帝典，荐士满公车。"是言之有据的。

（原载于《群言》2004年第10期）

我喜欢的几幅书画

王羲之《兰亭集序》

魏晋士人的雅集，我们知道的先有西晋元康六年（296）石崇的金谷雅集，金谷是石崇的别墅，在洛阳郊外。据石崇《金谷诗序》记载，这次聚会是为了送王诩归长安，参与者共三十人，其中有著名诗人潘岳等。他们“昼夜游宴”，并各赋诗。王羲之等人的《兰亭集》，受了《金谷集》的影响。这次雅集的参与者或曰四十一人，或曰四十二人。

兰亭在今浙江绍兴市，王羲之等人的兰亭集会，是永和九年（353）三月三日的修禊活动。参加者有谢安、孙绰等人，共写诗三十七首，编为《兰亭集》，王羲之为序，凡二十八行，三百二十四个字。唐太宗得到后，命人分别钩摹成为副本，原件已不知去向，或曰太宗以之殉葬。各摹本流传至今者，以冯承素本最受推崇。

《兰亭集序》之美一言以蔽之曰婀娜多姿，如伞下之美女，如山腰之白云，如仲春之垂柳，如石上之溪流，那是一种整体的美，是一种沁人心脾的美。就连涂改之处，也美得让人不肯移开目光，就好像村姑衣服上的补丁，不会觉得那是瑕疵。书法家固然可以分解开来，讲给我们听，哪一笔如何，哪一字如何，线条如何，布局如何，但不懂运笔不懂间架的人也同样可以为之醉心。

我喜欢《兰亭集序》还有一个原因，它是魏晋风流的象征，一看到它就想起魏晋人物的洒脱，那是忘却了得失的境界，甚至连自我也忘却了，追求的是与天地合德。参加雅集的王徽之有诗曰“散怀山水，萧然忘羁”，表达了他们共同的兴致。

石崇的金谷园集会，免不了他一贯的作风，摆阔气。兰亭雅集则不然，这是一次修禊活动，意在祓除不祥。这种活动早已成为民俗。王羲之《兰亭集序》说：“仰观宇宙之大，俯察品类之盛，所以游目骋怀，足以极视听之娱，信可乐也。”此所谓视听之娱，是指大自然的风声、鸟鸣、树叶的簌簌、溪水的潺潺，并不是歌舞声色之娱也。我以为石崇的聚会用一个“俗”字便可概括，而王羲之的聚会则是“雅”，是自然，与他的书法一样。

凡爱好书法的人大都临摹过《兰亭集序》，我也临过，没写好。我觉得单守着字帖去临，很难得其神韵。重要的是修养，是深厚的人文修养，也就是字外的功夫。写好书法，既要靠勤学苦练，也就是字内的功夫，也离不开人文修养，即字外的功夫。石崇和王恺斗富的故事，中学生都知道。我想，如果石崇留下了书法作品，一定是带着铜臭的。

怀素《自叙帖》

怀素（737—799，一说725—785）与张旭（675—约750）是唐代两大草书家，张旭略早于怀素，两人齐名，有“颠张狂素”之称。他们都很幸运，张旭得到杜甫的称赞，《饮中八仙歌》曰：“张旭三杯草圣传，脱帽露顶王公前，挥毫落纸如云烟。”杜甫以“草圣”称赞他，可见他的地位。怀素则得到李白的赠诗《草书歌行》：

少年上人号怀素，
草书天下称独步。
墨池飞出北溟鱼，
笔锋杀尽中山兔。
八月九月天气凉，
酒徒词客满高堂。
笺麻素绢排数箱，
宣州石砚墨色光。
吾师醉后倚绳床，
须臾扫尽数千张。
飘风骤雨惊飒飒，
落花飞雪何茫茫！
起来向壁不停手，
一行数字大如斗。
怳怳如闻神鬼惊，
时时只见龙蛇走。
左盘右蹙如惊电，
状同楚汉相攻战。
湖南七郡凡几家，
家家屏障书题遍。
王逸少，张伯英，

古来几许浪得名。
张颠老死不足数，
我师此义不师古。
古来万事贵天生，
何必要公孙大娘浑脱舞。

李白说怀素“天下独步”，不但比张旭高明，也比王羲之、张芝高明。这也许有偏爱的成分，但李白的话也可以代表当时的一种评价。

怀素的草书如《论书帖》《苦笋帖》《食鱼帖》都是上乘之作，而以《自叙帖》最能代表其成就，此帖今藏中国台北故宫博物院。其前六行是收藏此帖的宋代苏舜钦补写的，人或以为大不如怀素的真迹，我不完全同意。效仿他人的笔迹，本来就不容易，何况是补写在一幅作品的开头，就更难上加难了。苏舜钦是著名诗人，倾向范仲淹的政治改革，遭到贬黜，是一位有风骨的人，他的补写虽未必赶得上怀素本人，但相差并不太多，笔力与风格都甚有可取之处。特别是开头两行一点也不显得拘谨，可以直追怀素了。

怀素的《苦笋帖》虽然只有两行，但是很见其功力，让人百读不厌。我对它的喜爱不亚于《自叙帖》。

武元直《赤壁赋图》

此图今藏中国台北故宫博物院，我去台湾时，正值举办绘画与文学的特展，《赤壁赋图》原作赫然在目，使我流连忘返。陪我前往参观的黄教授随即买了一幅二玄社的复制品相赠。我回家后便装框悬挂在客厅里，朝夕相对已十有五载。遇到心烦的时候，举目欣赏，顿时豁然。

这幅图的作者，据考证是武元直。金元好问《元遗山遗集》有《题闲闲书赤壁赋后》末尾云："赤壁图，武元直所画，门生元某谨书。"在元好问所编《中州集》乙集中有一首诗，题为《题武元直赤壁图》，均可为证。据《画史会要》载："武元直，字善夫，明昌名士。有《窠云》《曙雪》等作。"

武元直是金朝人，恐未到过赤壁，而是凭想象而绘，所绘内容乃据苏轼前后《赤壁赋》。《赤壁赋》既有写景、叙事，也有抒情、议论，如果要完整画出其内容，只能用连环画的形式。武元直不采取这种形式，他把视角放在《前赤壁赋》开头几句："壬戌之秋，七月既望，苏子与客泛舟游于赤壁之下。清风徐来，水波不兴。举酒属客，诵明月之诗，歌窈窕之章。"赤壁的山势，江流的浩荡，占据了大部分画面，山上的松树成为极好的点缀。而将苏轼与客泛舟的情形，放在画面的中心位置，赤壁主峰之下，只是寥寥数笔加以勾勒，东坡和两位客人为一组，东坡居于中间，船尾则是正在摇橹的艄公，神情毕肖。山是沿袭李成、郭熙等人的北派画法，用斧劈皴。松是折枝松，颇有动感。更让我赞叹的是武元直用了透视的技巧，自左至右，山势渐渐走低，水势渐渐走远，将观者的视线渐渐引向无尽的远方。杜甫诗曰："尤工远势古莫比，咫尺应须论万里。"这是形容王宰的山水画，恰好也可以用来形容武元直的《赤壁赋图》。

我写过一篇论文，题为《诗意画的空间及其限度》，指出诗意画的种种困境。赋者，诗之流也。《赤壁赋图》也可算是诗意画，但画家突破种种限度，极好地将赋的精神表现了出来。我喜欢苏东坡的《赤壁赋》，也喜欢武元直的《赤壁赋图》。

我喜欢的几首乐曲

巴赫《管风琴D小调托卡塔与赋格BWV565》

我不是基督教徒，但这不妨碍我欣赏欧洲的宗教音乐。当教堂里常见的管风琴响起时，一种神圣的、崇高的感情便充溢在心中，将其他狭隘的念头、自私自利的小计较洗涤干净。当我在巴黎圣母院，或其他教堂静静地坐着，聆听管风琴那浑厚的和音时，自己仿佛进入天国之中。让我震撼的还有芬兰首都赫尔辛基之坦佩利奥基奥教堂的管风琴声，气势雄伟，音色深沉，而又不乏优美与和谐。这座教堂是在巨大的岩石上开凿的，俗称岩石教堂。借着岩洞的共鸣效果，别有一番动人之处。当巴赫的作品响起来时，《D小调托卡塔与赋格》的第一句就把人感动了。那种恢宏、壮阔与崇高之感，那种似欲带我飞向宇宙之无穷的感觉，那种庄子所谓“背负青天而莫之夭阏”的境地，全都在这里了。我也想到李白的诗句：“俱怀逸兴壮思飞，欲上青天揽明月。”

巴赫是十七世纪的人，相当于清朝初年。他是最著名的管风琴作曲家和演奏家，宗教音乐家，被推崇为近代音乐之父。但他在世时并没有得到应有的尊重，逝世后一百多年才被莫扎特和贝多芬重新发现，从而引起世人的推崇。所谓“千秋万岁名，寂寞身后事”，正好用在巴赫身上。

贝多芬《D大调小提琴协奏曲》，作品第61号

这是贝多芬唯一的小提琴协奏曲，写于1806年三十六岁时。当时他正陷入对莱莎·勃伦斯威克伯爵小姐的热恋之中，那是他的学生。所以乐曲柔情似水，曼妙细腻。不过在我听来，这支曲子的感情不限于爱情，这是一种更广泛的人间之爱，越听越觉得是长辈对晚辈的爱，如父女或母子之间的爱，姐姐对弟弟妹妹的爱。特别是整个第二乐章，那种细致入微的感情，是关爱，是呵护，是抚慰。其中没有情人之间的误会、试探、猜疑、怄气，没有类似贾宝玉和林黛玉之间那种酸甜苦辣的味道。而第三乐章那种跳跃的感情，像是长辈逗着晚辈在嬉戏。三章相比较，第二章最动人，但不知道为什么许多光盘的选段往往只选第三章，而置第二章于不顾。

许多著名的小提琴家都演奏过这支曲子，首演的是克莱门特，而我最喜欢的是前苏联奥伊斯特拉赫的演奏，他的演奏我听来似乎稍慢一点，第二乐章更能显示其歌唱性的特长，淋漓尽致，细腻入微，几乎要揉碎听者的肝肠。

杜甫诗曰：“此曲只应天上有，人间能得几回闻。”用来称赞这支曲子不为过分。

贝多芬《第六交响曲·田园》

贝多芬的九支交响曲我都喜欢，而以第六为最。这是一支标题

音乐，不难理解。每当我在野外散步时，心中便荡漾出第一乐章的旋律。当一场暴风雨过后，望着东南方的天空，盼望出现彩虹而彩虹果真如期而至时，心中又荡漾出第五乐章的旋律。看着雨后草木欣欣然，似欲抽出新芽时，那种感激之情和愉悦之情正好配合着这一章的旋律。

我喜欢中国古代的田园诗，陶渊明就不用说了，王维、孟浩然，也是我的所爱。然而诗的美与音乐的美不同，诗是以语言唤起人的共鸣，最好的诗能把读者体验过但又说不出的感受说出来，让读者将诗人的句子当成自己的句子脱口而出，什么“良苗亦怀新”啦，什么“草木纵横舒”啦，都有这种效果。欣赏诗可以固定在一个句子或一个词上。音乐则是流动的，犹如一阵风似的飘忽而过，又如纤细的手指，轻轻地抚摸着我们，或如攥紧的拳头猛地撞击着我们。此所谓音乐是时间的艺术也。各有各的神奇和魅力，缺一不可。

肖邦《夜曲》

追悼会上常常放的那支哀乐催人泪下，但未免直白了一点。参加追悼会的人心情未必只是悲哀二字所能言尽的，而被追悼者又未必希望众人都潸然泪下。如果有支曲子能够给人留下更多想象的余地，岂不更好吗？这样的曲子是有的，这就是肖邦的《夜曲》。

肖邦的《夜曲》共二十一首，都是钢琴独奏曲，我喜欢曲子的意境，也喜欢那点沉思的味道。读书时当背景音乐也行，什么也不干专心致志地听也行。最好是自己一个人冥思时放一张《夜曲》的唱片，让那富有歌唱性的叮咚声跟自己为伴，眼看着唱片的旋转与起伏，可以想天上的白云，可以想溪水的细纹，可以想清晨的鸟鸣，可以想暮秋的落叶，可以想宇宙的幽渺，可以想寺院中袅袅的青烟，当然也可以什么都不想，任凭时间随着乐曲流向远方。

在肖邦的二十一首《夜曲》中，我最喜欢的是第二首，降E大调行版。我常听的是丹尼尔·巴伦博伊姆（Daniel Barenboim）的演奏。这首《夜曲》优雅、简洁、明快，钢琴家的诠释同样如此。这正是我喜欢的原因。

柴可夫斯基芭蕾舞剧《天鹅湖》

这是柴可夫斯基所写的第一部芭蕾舞剧，取材于民间传说，王子与公主的爱情，恶魔的破坏，经过斗争有情人终成眷属，故事情节很简单。舞剧本来就不以故事取胜，主要是靠音乐。《天鹅湖》中有些曲子经常演出，例如《四只小天鹅》，那欢快的节奏，我当然喜欢。而我最喜欢的是王子与白天鹅及黑天鹅的两支双人舞曲，婉转悠扬、如泣如诉，简直就是天籁。有人能听出两者分别表现了不同的心态，带有善和恶的意味，白天鹅单纯专贞，黑天鹅带着几分挑逗，对这种看法我不反对，不过假如真是这样，也许是舞者的表情和动作造成的。据说白天鹅和黑天鹅的舞蹈有些高难动作，特别是第三幕黑天鹅在独舞变奏中，一连做三十二个被称作“挥鞭转”的单足立地旋转。我不懂舞蹈，以上所云只是外行人的评论，不足为据。听《天鹅湖》我只是觉得美，美到了极致。到剧场观赏固然好，视觉和听觉融合无间，但有时剧场里有人聊天，有人咳嗽，有人拍照，反而干扰了欣赏。倒不如在家里独自欣赏唱片为宜。

中国古代有不少诗文，描写音乐之美，如李颀、韩愈、白居易都有极好的诗作。我还十分欣赏《老残游记》里描写黑妞和白妞说书的那一段：

> 王小玉（即白妞）便启朱唇，发皓齿，唱了几句书儿。声音初不甚大，只觉入耳有说不出来的妙境：五脏六腑里，像熨斗熨过，无一处不伏贴；三万六千个毛孔，像吃了人参果，无一个毛孔不畅快。唱了十数句之后，渐渐的越唱越高，忽然拔了一个尖儿，像一线钢丝抛入天际，不禁暗暗叫绝。那知他于那极高的地方，尚能回环转折。几转之后，又高一层，接连有三四叠，节节高起。恍如由傲来峰西面攀登泰山的景象：初看傲来峰削壁千仞，以为上与天通；及至翻到傲来峰顶，才见扇子崖更在傲来峰上；及至翻到扇子崖，又见南天门更在扇子崖上：愈翻愈险，愈险愈奇。那王小玉唱到极高的三四叠后，陡然一落，又极力骋其千回百折的精神，如一条飞蛇在黄山三十六峰半中腰里盘旋穿插。顷刻之间，周匝数遍。从此以后，愈唱愈低，愈低愈细，那声音渐渐的就听不见了。满园子的人都屏气凝神，不敢少动。约有两三分钟之久，仿佛有一点声音从地底下发出。这一出之后，忽又扬起，像放那东洋烟火，一个弹子上天，随化作千百道五色火光，纵横散乱。这一声飞起，即有无限声音俱来并发。那弹弦子的亦全用轮指，忽大忽小，同他那声音相和相合，有如花坞春晓，好鸟乱鸣。耳朵忙不过来，不晓得听那一声的为是。正在撩乱之际，忽听霍然一声，人弦俱寂。这时台下叫好之声，轰然雷动。

我听《天鹅湖》偶尔会想起白妞说书的效果，音乐的类型不同，东西方艺术有别，却有异曲同工之妙。原来艺术之美是相通的，美到极致的艺术是消弭了其他差别的，美是没有国界的。

我喜爱的几部书

《老子》

我是把它当作一部格言集来读的。每置之枕边，睡前三五分钟读它一则两则，欣然会心，以清吾梦。兹就记忆所及录数则如下："上善若水，水善利万物而不争。""生而不有，为而不恃，功成而弗居。""见素抱朴，少私寡欲。""不自是，故彰。""自胜者强。""大器晚成，大音希声，大象无形。""故物或损之而益，或益之而损。""天下难事，必作于易；天下大事，必作于细。""信言不美。"老子是一位聪明绝顶之人，他的话含义深刻，可以给我们多方面的启发。中华文明的发展，少不了儒、道两家的互补，道家在中华文明史上的地位恐怕是被低估了。现就上举格言略做引申："故物或损之而益，或益之而损。"对此我有亲身体验，"文革"中批判我"白专"，此损也；不能列入造反派，"梁效"写作组也不会理睬我，此又益矣。在"五七干校"不知谁看上了我，让我为工农兵学员讲课，名"五同教员"，此益也；然而"五同教员"要陪学员赴井冈山修铁路，途中翻车，险些丧命，此又损矣。有此一番经历，更加钦佩老子。

《论语》

因为我是教师，所以读《论语》时常常注意孔子作为教育家的那一方面。他和学生之间的问答，他对学生的态度，使我格外感兴趣。孔子虽然说自己是“述而不作”，实际上在述的过程中有所取舍，有所发挥，也就有了作。他创造性地总结了此前的文化遗产，传授给学生，也是作。例如，他传授“诗三百”的时候，说：“‘诗三百’，一言以蔽之，曰：思无邪。”对“诗三百”作出这样的概括，就是他的创造。孔子很注意启发学生自己思考问题。“子曰：‘不愤不启，不悱不发。举一隅不以三隅反，则不复也。’”不到学生心求通而未通时，不去开导他；不到学生口欲言而未能言时，不去启发他。如果他不能举一反三，便不必教他了。他教导学生对学问的态度一定要老实：“知之为知之，不知为不知，是知也。”他强调要处理好学和思的关系：“学而不思则罔，思而不学则殆。”这些都是我很感兴趣的，也是我试着贯穿于我的教学中的。

孔子的人生哲学可以概括为一个“乐”字，《论语》第一句话就是：“子曰：学而时习之，不亦说乎？有朋自远方来，不亦乐乎？人不知而不愠，不亦君子乎？”说（悦）犹乐也，不愠也是乐。我喜欢他老人家的乐观主义。他称赞自己最得意的学生颜回曰：“一箪食，一瓢饮，在陋巷，人不堪其忧，回也不改其乐。贤哉回也！”将颜回之贤归结为安贫乐道。欧阳修的《醉翁亭记》短短的一篇文章用了十个乐字，最后说：“然而禽鸟知山林之乐，而不知人之乐。人知从太守游而乐，而不知太守之乐其乐也。醉能同其乐，醒能述以文者，太守也。太守谓谁？庐陵欧阳修也。”可谓得孔夫子之真谛矣。

《陶渊明集》

陶渊明不仅是诗人，也是哲人，他对人生有深刻的理解。在晋宋之际那动荡的社会里，他不为五斗米折腰，辞官归隐，躬耕田园，穷困而亡，的确是一位气节高尚的人。他为人自然，诗也自然，这是很高的境界。他那些描写田园景色和田园生活的作品，能够唤起今天读者对自然的亲近感。当夜深人静之际，捧陶集吟咏于孤灯下，则矜平躁释，与天地臻于和谐。

古代著名诗人中可以做朋友的，陶渊明是一位。因为他质朴、真率，且看其《答庞参军序》：“三复来贶，欲罢不能。自尔邻曲，冬春再交。款然良对，忽成旧游。俗谚云：‘数面成亲旧。’况情过此者乎？”只要自己在纷繁的社会中不随流俗，又能把真心掏给他，他一定会接纳你。

《李太白集》

李白也是可以交朋友的，他热情洋溢，一见面就熟，把自己心事说给你听。他对朋友一往情深，出蜀时带了八十万金，不到一年就因接济朋友而散尽了。同行的好朋友病故，他用刀剔骨带在自己身上。其诗曰：“狂风吹我心，西挂咸阳树。”（《金乡送韦八之西京》）“我寄愁心与明月，随君直到夜郎西。”（《闻王昌龄左迁龙标遥有此寄》）何等热切，何等深情！杜甫早年的诗歌显然受到他的影响，而带有浪漫的气息。此后他们虽未再见面，杜甫却常常想念他，当他流放夜郎时，杜甫写有《梦李白二首》，其一曰：“死别已吞声，生别常恻恻。江南瘴疠地，逐客无消息。故人入我梦，明我长相忆。恐非平生魂，路远不可测。魂来枫林青，魂返关塞黑。君今在罗网，何以有羽翼？落月满屋梁，犹疑照颜色。水深波浪阔，无使蛟龙得。”又有句曰：“不见李生久，佯狂真可哀。世人皆欲杀，吾意独怜才。”李白真的赢得了杜甫的心！杜甫对李白的评论最为恰切：“白也诗无敌，飘然思不群。”所谓“思不群”意思是不同流俗、有个性、有独创性，这“不群”主要在于其构思，也包括他对宇宙、人生的思考，只要读他的《日出入行》《古风》其一就会知道他是一位有独立思考的诗人。李白这方面的意义还值得深入研究。

我的性格并不豪放，但我喜欢李白这样的豪放之士。跟他们在一起我也会放开心胸，变得豪放起来。我喜欢读李白的诗，也是因为从他那里可以得到几分豪情。

《杜工部集》也是我喜欢的书，在这里顺便提一下，就不单列了。其实李杜的作品都像大海一样，要说起来，岂是三两句话可以说完的。杜甫为人厚道，那首《又呈吴郎》可以为证。这里就不多说了，好在我有关于他的论文，读者可以参看。

我平时读的《李太白文集》是通行的王琦注本，1982年在东京大学任教时，去静嘉堂文库读到北宋蜀刻本，原湖州陆心源皕宋楼藏，大饱眼福。

《东坡乐府》

此书名曰“乐府”，其实就是词。东坡打破了花间词的窠臼，以诗法为之，题材和境界都扩大了，词不再锁于小楼深院之中，不再弥漫着女性的愁苦悲戚，而又不乏长短句特有的韵味，从而为词开拓了新的天地，也确立了他在词史上崇高的地位。这是从文学史的角度说的。

如果从一般读者的角度看来，我主要是欣赏苏词里那种以达观为基础的潇洒。“莫听穿林打叶声，何妨吟啸且徐行。”（《定风波》）“小舟从此逝，江海寄余生。”（《临江仙》）“人有悲欢离合，月有阴晴圆缺，此事古难全。但愿人长久，千里共婵娟。”（《水调歌头》）这些名句都透着一股帅劲儿，颇耐人寻味。苏轼才高而命蹇，如果没有这点潇洒，真不知如何活得下去。

《水浒传》

这是我幼时很爱读的书，至今偶尔翻翻仍然兴味盎然。小时候最佩服的是没羽箭张清，他“善会飞石打人，百发百中”，日不移影就打败梁山泊一十五员大将，何等身手！我不会飞石，只好借助一个弹弓，搓些纸团对着墙上的苔痕打去，以助长自己的雄风。渐渐我看穿了张清的把戏，觉得他没啥真功夫，暗器伤人尤为我所不齿，遂将他从我的偶像名单中划了出去。还有那个玉麒麟卢俊义，看不出武艺多高明，宋江和吴用费了许多周折将他赚上山来，竟没见他为梁山出过什么力，立过什么功。但他在社会上声誉高、影响大，属于代表人物，有他在，梁山的地位就不一样了，宋、吴还是有见地的。

我读《水浒传》喜欢将那一百单八位好汉在手上掂量，不按书上写的座次排序，而是自己给他们定个高低。读来比去，我最服的还是花和尚鲁智深。他为人仗义，但不是不讲原则一味哥儿们义气，是非清浊他看得清清楚楚，正是在这里显出比武松高明，而且不只高明一个档次。武松醉打蒋门神，替人大打出手，我看不上。至于李逵，我更喜欢元杂剧《李逵负荆》中那个铮铮铁汉，他认为宋江做了错事便揪住不放，证明自己认错了人又敢于承认错误，这样的人难得，难得。

《狄德罗哲学选集》

我喜欢跟聪明人谈话，狄德罗是十八世纪法国的大哲学家，百科全书派的主要代表人物，当然聪明过人。而这本书里所选的好几篇文章，如《达朗贝和狄德罗的谈话》《达朗贝的梦》《谈话的继续》《拉摩的侄儿》又是用对话体写的，读来如同直接面对这位聪明人，所以特别过瘾。他的《哲学思想录》和《思想录增补》是一条条短小的思考记录，最短的只有一句话，但很发人深省。例如："凡是从来没有被当作问题的，都是丝毫没有经过证明的。凡是未经毫无成见地考查过的，就是从来未经很好地考查过的。因此，怀疑论是走向真理的第一步。它应该是一般的，因为它是真理的试金石。如果哲学家为了确定上帝的存在，是从怀疑其存在开始，那么还有什么命题能逃脱这种证明呢？"

狄德罗认为人类的全部知识是有结构的，各个学科互相联系，构成整体。由此我想到，在学科分类越来越细的今天，注意知识的整体性，在相近学科的交叉点上做一些综合性的研究，肯定会开拓出若干新的学术领域，并推动学术的发展。

（[法国]狄德罗著，江天骥等译）

《贝姨》

这部小说曾使我惊心动魄，由此我才知道嫉妒之可怕。贝姨对她的堂姐于洛太太表面上关怀备至，内心却如蝎子般狠毒，暗地里使了许多坏。贝姨确实害了于洛太太，但首先受到伤害的是她自己。嫉妒别人的人，自己被嫉妒咬啮着先已不得安宁。以上所说的不是对《贝姨》的全面评价，只是我感受最深的一点。傅雷先生在此书的内容介绍中说："《贝姨》既是路易·腓列伯时代的一部风化史，又是淋漓尽致的一幕悲喜剧。书中人物都代表一种极端的痴情。"这番评论很中肯。巴尔扎克洞察人情世故，又有一支犀利的笔，能将人性剖开来给人看。在西方的小说家中，巴尔扎克是我最佩服的一位。我的一位朋友最喜欢托尔斯泰，我戏称他是托派，我是巴派，巴者，巴枯宁是也。

有一句流行的话语叫"羡慕、嫉妒、恨"，颇耐人寻味。嫉妒和羡慕不仅有程度之别，而且两者的本质不同。羡慕是见别人比自己好而希望自己也好，所谓见贤思齐是也；嫉妒是见别人比自己好而忌恨别人，甚至想加害于人。高山仰止是羡慕，而且是羡慕到了极点，但绝不嫉妒，更不会恨了。一个人总有羡慕别人的时候，向那人学习就好了，但万不可生嫉妒、忌恨之心。总之，羡慕之心不可无，嫉妒之心不可有也。

巴尔扎克对人的心理、性格刻画得入木三分，小说中不少人物性格极其鲜明，甚至有点偏执，贝姨的嫉妒已如上述，高老头对女儿的爱，邦斯舅舅对文物收藏的痴迷，欧也妮·葛朗台对金钱的吝啬，莫不如此。在这一点上，恐怕无人可以与巴尔扎克比拟。

（［法国］巴尔扎克著，傅雷译）

狄更斯《大卫·科波菲尔》

小时候读林琴南的译本，名为《块肉余生述》，就曾深受感动。

那是用古文翻译的。他本人并不懂英文，是别人先翻译给他听，他再写下来，这当中必有他本人的再创作，当然也有误译之处。但就其文字看来，应当承认是十分精彩的。

这是狄更斯半自传体的小说，它通过一个孤儿的遭遇反映了广阔的社会生活。这孤儿经历了种种曲折，最后得到一个良好的结局。这种大团圆的结局，在他的《远大前程》中也得到完美的表现，这很符合中国人的口味。

我在伦敦参观过狄更斯的故居，在Doughty街上一座四层楼的房屋。其中保存着一些狄更斯用过的家具，也有一些藏书、手稿、照片、书信，已成为一座博物馆。我在那里想起了《大卫·科波菲尔》，回国后重读小说倍感亲切。这次读的是董秋斯的译本。

托尔斯泰《复活》

《复活》在托尔斯泰的小说中并不是最伟大的，它没有《战争与和平》的宏伟布局和深刻思想，也没有《安娜·卡列尼娜》丰富的情节和社会意义，这两部小说我都喜欢，但还是愿意提出《复活》来说说。

《复活》写一个贵族青年聂赫留道夫诱奸了一位农家姑娘喀秋莎·玛丝洛娃，致使她沦为妓女，又被诬陷谋财害命。在法庭上聂赫留道夫是陪审员，他深感自己负罪，自愿走上流放之路陪伴喀秋莎，并以此自赎。但喀秋莎已伤透了心，完全不在乎聂赫留道夫的行为。将人伤透了心是无法挽救的，自赎也只是自我心理的补救而已，于事无补的。

这个故事与收入明代白话小说集《警世通言》第二十四卷《玉堂春落难逢夫》（京剧《三堂会审》就是据此改编的）颇有相近之处。但玉堂春故事中王景隆的形象比聂赫留道夫简单，他有惭愧，但没有自赎精神。《复活》也更富有对人生的哲学思考，以及对社会的鞭挞。熟悉玉堂春故事的中国人，是不是更喜欢《复活》我不敢说，我自己是更赞叹《复活》之深刻的。

《屠格涅夫中短篇小说选》

共收七篇小说：《木木》《僻静的角落》《雅科夫·巴生科夫》《阿霞》《初恋》《草原上的李尔王》《普宁与巴布林》，原作和翻译都好。屠格涅夫的小说对俄国农奴制度的罪恶，以及贵族知识分子的软弱萎靡，有深刻的揭露。他的小说有中国古典诗词的意境，往往是以情统摄故事，而且常有极富俄罗斯特色的风景描写。屠格涅夫是一位很富有同情心的作家，《木木》里那位农奴心灵上的创伤，由作者写来如同他亲自感受到的一样。《初恋》以第一人称写自己少时的痴情，比自己年长的那个女孩儿以对待孩子的态度对待他的爱，甚至有点戏弄的意味，而他竟唯命是从，如痴如醉，做出一些常人不敢做的行动，笔墨出神入化。屠格涅夫擅长写女性，小说的风格凄迷，笔触细腻。读他的小说如同听肖邦的钢琴曲，觉得仿佛有一只手在轻轻地抚摸着自己的心。

（[俄国]屠格涅夫著，萧珊、巴金译）

文集后叙

2016年初夏，山东人民出版社社长胡长青先生惠然来访，商议为我出版文集事宜。其人也淳厚，其言也霭如，故未敢以浅拙推诿。复倩中华书局老友俞君国林代为联络版权事宜，进展顺利。今付梓在即，谨书数语，以致谢忱。

余祖籍江苏武进，生于山东济南，视济南为第二故乡也。故乡人为我出版文集，我深感荣幸。文集不但包括学术专著及论文，亦收入诗词与小品文。我已年逾八旬，拿得出手的只有这少许的文字，不免感到惭愧。自忖在条件允许的情况下，未曾偷懒，则又宽慰了一点。

收入文集的作品都是我个人所撰，由我主编或与友人及学生合著的作品，均未收入，这些著作都注入了我许多心血，我不但提出课题和全书的观点、主旨、编写方案及编写要点，而且执笔撰写了一些章节，并对全书做了认真的统稿，兹将这些著作的目录胪列如下：

《中国文言小说书目》，侯忠义教授与我合编，北京大学出版社1981年出版。

《历代名篇赏析集成》，主编，两卷本中国文联出版公司1988年出版，七卷本高等教育出版社2009年出版。

《中国诗学通论》，孟二冬、丁放教授与我合著，安徽教育出版社1994年出版，修订版改为《中国诗学史》，曾祥波教授参加修订，人民文学出版社已接受出版。

《中华文明之光》，主编，北京大学出版社1998年出版。

《中国文学史》四卷本（全国高校面向二十一世纪教材），主编，高等教育出版社1999年出版。

《中华文明史》四卷本，与严文明教授、张传玺教授、楼宇烈教授共同主编，北京大学出版社2006年出版。已有英文、日文、塞尔维亚文、韩文、俄文、匈牙利文等六种译本。

《中国文学作品选注》四卷本，许逸民先生与我共同主编，中华书局2007年出版。

《盛唐诗坛研究》，丁放教授与我合著，北京大学出版社2012年出版。

《中国地域文化通览》三十四卷，主编，中华书局2014年出版。

《中华传统文化经典百篇》，主编，中华书局2016年出版。

《中华传统文化百部经典》，主编，已出版三十部，国家图书馆出版社2017年开始陆续出版。

另外还主编有大型学术刊物《国学研究》，自1993年创刊至今已出版四十三卷，北京大学出版社出版。

以上各书参与编写的学者多达数百位，他们肯与我合作，而且合作得十分融洽，这是我的福气。他们各有所长，在合作过程中我向他们学习了很多，增长了知识，扩大了眼界，我要衷心地说一句：谢谢！

袁行霈

2020年10月11日